江戸散歩（上）

Ensho
SaNyuTei

三遊亭圓生

P+D
BOOKS
小学館

目次

序　文

誰かに序文を書いて貰おうと思って、さてどんな人に頼もうかと思って迷いました。アメリカの大統領にとも思ったが、あの方も忙しいだろうし、第一落語をあまり聞かない人だとも聞いたので、どうしようかと思って、こりゃ私が書くのが一番いいと思いました。

昔から云う序文のことは自分でせよという諺もあり、まあだいたいに、〝江戸散歩〟という題からして何か漠然として大きいようで取っ付きようがない。題が漠然として、それよりも書く奴の頭の方が漠然としているので、その漠然か白猿に、よう似た顔のう……いや、失礼を申し上げました、どうもすぐに洒落を云いたがる悪いくせがありまして。

どうも題が少し立派すぎて困ったんですよ。いってみれば大きなデパートを一軒貰って、自分一人で商売をしてみろと云われたようなもので、さて第一どう手をつけようかと思ったので。だけども私も十歳の時に噺家を志し、もちろんまあそれまでの義太夫語りは、当人も無意識でやっていたのですが。噺家は私自身の希望でなった営業であり、何としても落語家になりたいと思った、噺家は実にいい、どうか噺を演《や》りたい、これは我が天職であると……天職かなァ……まあ、そう思ってなりましたがね。ひところはその天職もやめようかと迷った事もあったというのは、先行き大した望みも持てなかった、それは何故かというと下手なんですよ、どうもうまくないんで、圓生が……。これは私が自分に対しての、いつわりなき批評としてですよ。でも本当に落語は好きなんだからやめたくはないので、考えてまあ、行けるとこまで行けという腹で。ただし勉強はしていましたよ。でも人間は妙なもんですね。満州から帰るとうまくなったといわれて、自分でも何か勇気が湧いてきたので。行きづまった芸に光明を見い出したというか、今では何とか生活もできて皆様のお蔭でこうしていますが、やろうと思えばできないことはあるまい、と……年をとるとまた、ズーズしくなるから引受けましたが……もちろん本を出すのは初めてじゃァありませんし、『寄席育ち』『明治の寄席芸人』『寄席楽屋帳』それと『寄席切絵図』と、出しましたが……でもペン・クラブにも入っていないし……、云えば文筆の方では、もぐり、ですからね……。この『江戸散歩』がですよ、ベストセラーになって世界にひろがるようなこと、え、何ですよ、違っているって……何が、ペストが違うって、あっそうか。ベストセラーでした、ごめんなさい……、ペストが世界に広がるとそれこそ問題になる。

だが自分で云っちゃァおかしいが、読んで下さい、一度おためしなすって……がまの油の口《こう》上《じょう》じゃァないが読んでみれば分る、読まなければ何が書いてあるか分らないという、実に不思議な本である……もうこのくらいで、いいでしょう……序文は。ねえ……序文ながらあきれましたよ。

三遊亭圓生　敬白

日本橋

今度集英社から『江戸散歩』という本を書けとおっしゃいまして……。お引き受けを致しましたが。何しろ何処《どッ》から書いていいか迷いましたが……まァ中心地の日本橋から始めようと思って。もっとも日本橋が中心だという説もあればまた、お城を中心とするのが本当だという、どっちだか分りませんので。いろいろ聞いてみたんですが、どうも両方に何か理屈をつけてとんと分らないので。

先だってある物知りの方に伺ったら、「日本橋でもお城でもない」「じゃ何処《どこ》なんです」ったら、あの二重橋の前に楠正成公の銅像がありますな。あすこゝところが本当の江戸の中心になるんだという。「はァそうですか」ったら、「嗚呼《ああ》、忠臣（中心）楠正成だ」と云ったんで。こりゃどうも、あんまりあてにはなりませんのでね。まァとにかく、日本橋からおッ始めることにしますが……。

日本橋　何時ごろからあの橋が架かったものか……これはずいぶん古いんでございますな。

慶長八年（一六〇三年）に日本橋というものを初めて架けたという。とにかく、川が広いので両方から石垣をこう築き出し、それに橋を架けたという。

万治二年（一六五九年）にまたこの橋を架け替えたのですが、あまりにこれァ粗末であるというのでその時、初めて欄干を作って擬宝珠《ぎぼし》というものをつけましたので。だから昔はね、〝擬宝珠の間の噺家〟なんて言葉を使いましたもので。「あの人は擬宝珠のあいだだね」なんてェことを云いました。

いったいそれは何処なんだろうと思ったんですが、本当は京橋だろうと云うんです。京橋にも擬宝珠がありますす。だからその日本橋、京橋の間でもて囃《はや》される噺家という、これがもう第一級品であるという。まあ今から考えりゃァずいぶん狭いもんですが……。だから下町の人はどういうわけか山手《やまのて》方面に住んでいる人を、何かこう軽蔑をしたってェわけでもないでしょうが、見下したような……もっとも下町てンだから山手の方は見上げなくちゃいけないんですが、「ありゃァ、山手だから」なんてなことを云う。噺家でも山手まわりだとか……これを土手組なンと云いましてね、中央の席へ出演出来ない、こりゃ一流ではないという。だから日本橋と京橋の間へ出る噺家は幅《はば》のきいたものです。

南北へ架かっておりまして長さ二十八間《けん》というんですが、あたくしどもが子供の頃は木の橋でしたが、明治四十四年に架け替えた。いよいよ今度、日本橋を架け替えたというんで……たいへん立派になりまして、橋の渡り初《ぞ》めをするなんというたいへんな騒ぎだったが……今は無惨なもんですな。あの上へずうーッと、高速道路が出来ましたために日が当らなくなっちゃって、まことにどうも日本橋も昔から考えりゃァ哀れな姿でございますが……。

まあ昔はたいへんに日本橋というものは、繁昌したものでしょうが、そんな遠い事はわれわれどもは分りませんが。明治末期頃からの日本橋というものはわたくしも見ていますが。

木原店　まず白木屋の方、今の東急の方でございますな。銀座から見て、日本橋交差点から、日本橋寄りの右側の横丁……これを食傷新道《しょくしょうじんみち》と云ったんです……。ここに木原亭《きわら》と云う席がありました。木原店《きわらだな》という名前だったんですね、横丁を。木原店、或いは食傷新道。というのは食べもの屋がどっさり並んでいたんです。

まあ、われわれ一ばんお馴染《なじみ》の深いのは、左ッ側《かわ》で苗字を石田と云った……これを〝赤あんどん〟と云いましてね、ずいぶん繁昌したもんです。茶めしを売ったんです。できますものがあんかけ豆腐、それからいりとり……蒟蒻《こんにゃく》と鶏をこう炒《い》ってある。信田の煮たのやそう云ったようなもの。たいへん安かったんですねえ、三品《みしな》ぐらい取って茶めしを食べて十銭でした。かなり安いもんで。これが木原亭という寄席へ勤めた時に誂《あつら》えるてェと、向うから朱塗りのお膳の上へのせて持って来てくれましたが、今云った通りあんかけ豆腐に、炒り鶏に、信田かなんかでそれに茶めしが一人前ついて、向うからわざわざ持って来てくれて十銭で食べられる。

食傷新道　ところが、この食傷新道というのは今はどの辺になってるてェと、東急の店ン中へ入っちゃったんですね。もとは白木屋は小さかったもんです。大正十二年、大震災ののちに以前から見ると大きくなりました。だから往来やなんかもみんな、店の中へ入ってしまいましたんで。必然、この食傷新道、木原店というものはないんですが。その他に鮨屋とか、天ぷら屋、鶏屋、いろんなものがあったんで、それがために食傷新道という名をつけたんでしょうが。右ッ側には中華亭という、こりゃァ懐石料理ですね。中華亭のうずら椀、なんというものは高価《たか》いけれどもなかなかうまい、という事を話には聞きましたが……。こっちァ食べたことァない。とてもそんな高価《たか》い店《うち》へは入れない。

木原亭　で、その先へ行った左側に木原亭という、これは明治の初年はずいぶん客が来たんだそうです。もっともあの界隈《かいわい》には人がずいぶん住んでいた。というのは、大店《おおだな》といいましてね、大きいお店……今のように郊外から通ったり何かするんじゃァないので、そこにはどっさり奉公人がおります。それから魚河岸というものがあり、傍に兜町、株の取引所がある。ここには〝ごうひゃく〟なンてのがありましてね。〝ごうひゃく〟ってのはつまり、空《くう》で米相場をやるという。まあ今で云う、後楽園であの馬券やなンか買ったりしますがね。あれでもその本物でなく内々《ないない》でやるのがある。こりゃもう純然たる博奕《ばくち》でございますが。ま、そう云ったような者が大勢いたんです。だからあの近辺に寄席があって、これが大入りをするという事は当然なことで。

この木原亭というのは、圓朝のかかりました時代には大した席だったんでしょうが、あたくしどもが知って勤めるようになってからはあんまり客は来なかったんで。ただこっちァ子供ですから、行ってその茶めしを食うのが楽しみだったけれども……お客は少なかったんです。

第一、この木原亭の席亭というものが非常な無愛想でね。ご主人は無愛想、おかみさんもそれに倣《なら》い、倅やなンかもありましたが、全部これがにこりともしない。

木原亭に入るのに芸人ですから、その木戸の前を通って、それから先きの露地を曲って楽屋の方へ入る。挨拶をしてもけっして向うでご苦労様とも何とも云わない。だまーッているんですね。ごく機嫌のいい時は今晩は、と挨拶をするとひょいッと、こうあごをしゃくりましたね。ほんのわずか……エェ何ミリというぐらい。それがもう、ごくご機嫌のいい時で。たいていは睨みつける……。客に対してもそれなんでしょうから。

従って、だんだんお客が来なくなっちゃって二、三十人なんてェのは珍しくありません。時折りはツ放れのしない時がある。ツ放れてェのは何の事《こつ》たかお分りがないでしょうが、十にならない。つまり十人来ない。九ツまではツという字をつけますが。七ツ、八ツ、九ツ、九ツまではツがついて、十ォてェと初めてツが放れるからツ放れという。七、八人しきゃお客様がいないわけで、もう少ししたら来るか、もう少し来るかと思っているうちに、だんだん時間は経《た》つが客はふえない。

いつでしたか、お客がやはり七、八人でこりゃァこのまンまやるか、やめるかと楽屋で云ってるんです。お客様の方だって面白かァないでしょう。芸人の方でもこれでよすか、よさないかてンで、不安な表情で高座へ出るんですから。したがって聞いている方でも面白くないんです。そこで噺家がおりるてェとお客が、すうーッと、逃げるように一人立つ。で、次の奴がおりるてェとまた二人減る。だんだんふえないで、減っていく一方なんで。

最後に一人残っておりましてね。その人だって帰りたいんでしょうけれども、この上帰っちゃったらどうなるだろうという、同情もあったんでしょう……居てくれたんですが。いっそ帰ってくれればいいわけなんだが。――そこで、こっちは上がろうてンで、片足かけてひょいッとこう、客席を覗いたんですが、客も、この時機《き》を外すてェとあと一人残った人はもう帰れない……で、そうなると、寄席へ来て噺を聞いて面白いもくそもない。いかにして早くここを脱出するかという、身をのがれるという事に専念しますから。顔をちょいと出した時に、向うもびくッとしたと見《め》えて、いったん上げかけた腰をこう……またおろしてね、じいッと高座の動静を見ているんです。だから気の毒だから、ちょいとこっちが頭をひっこめたんです。……ったら、もうこの時機を外したら生涯帰れないと思ったかどうか？……そりゃ分らないけれども、だァーッと脱兎のごとく木戸の方へそのお客がとんでった。それがために、じゃァ今夜はよそうって事になりましたが。まあ実にお客の来ない席で。これも大震災の時に焼けてそれっきりあとは建ちませんでしたが。まァ、江戸から東京以来、この木原亭というものは一流として鳴らした席でした。

乗り換え券　あたくしが子供の時ですからちょうど十か十一、噺家にまだなりたてですね。一人でかけもちをする。他の席から木原を勧めて、自分の住んでいる新宿へ帰ろうというわけで。

電車がたいへん空《す》いてまして、車内《なか》には五、六人ぐらいしきゃ乗っかってないので、車掌台へ行ってあたしが切符を出したらね、じいッとわたしの顔を見てェたが、首を横に振ってるんです。何だろうと思ったら切符を受けとらないんです。小さい声で、「いいよ、いいよ」と、こう云うんです。

「いいよ」って事は、いらないって事なんでしょうねえ。こっちも、向うで「いいよ」ってンだから無理に切符を渡すのも悪いこったと思ったから、すうーッと切符を引っこめたら、

「何処まで行くんだい」って小さい声で云うから、

「これから木原亭を勧めて、それで家へ帰るの」

「家はどこ?」って……。

「新宿」

「何時ごろ帰るんだい?」ってェから、
「閉場《はね》てから帰るからちょうど十時半ごろになる」ったら、向うで乗り換え切符を出して鋏を入れましてね。

その時分にゃァ乗り換え券というものを車掌が発行したもんで。どこそこで他の電車へ乗り換えるという時に、乗車券は降りる時にとりますが、乗り換え券というものにちゃんと行先と時間なぞ鋏を入れて渡すわけで、それを持てば何回でも乗り換えができる。だからその乗り換えをちゃんと切ってくれましてね。

「帰りにこれで乗ってお帰り」ってンで……そいつをもらいましたけどね。今あんな事をすりゃやかましいだろうと思うン……。もっとも知れたところで、これは明治の末期のことですから時効も時効、大時効ですな……。だからまず、大丈夫だろうと思って話をしますけれども。

そんなことも思い出がありますが……。

長者町　それから落語の方で思い出すのは、『鼻きき源兵衛』という噺がありますが。近頃あんまり演る人もなし、珍しい噺ですからあたくしがまァ、だいたいの筋をここで申し上げますが。

下谷の長者町という、今のちょうど松坂屋のところですね、あすこを長者町という。ところが名前はたいへんに景気がいいんですが、長者が住んでいるのかてェとそうではなく、貧乏人が多かったんで。

貧乏をしても下谷の長者町

上野の鐘（金）の唸るのを聞く

という狂歌があるぐらい。

ここはあたくしもね、知っています。今の松坂屋のもちろんこれも店の中に入ってしまいましたが、御徒町寄りの方ですね。ここに有名な貧乏長屋がありました。これもやはり大震災前ですが、雷門三升という噺家がおりましてね。今の助六の前の、前の雷門助六師六代目の弟子でおどりも踊るし、お盆をまわしたり、曲芸みたいな事をしてたいへん器用な噺家ですから、余興なんぞがあるとあたくしの親父、先代の圓生がよく頼んだもので。「三升ンとこへおまえちょいと、使いに行ってきてくれ」なんて頼まれましてね。広小路で降りりゃァすぐですから行きましたが……。

露地の入口のところにですね。こう二つずつ、両側に竈《へっつい》がおいてある。今はへっついと云ったってこれも分らなくなった。ご飯を炊くにはどうしても竈を使わなきゃならない。けれども一軒家を持っていれば、必ず一つの竈は自分のとこで使用するべくおいたもんですが。それはまァ、相当な家庭なんです。こういう長屋へ来ると座敷も狭いし、とてもそんなものは置けませんから、共同で使うわけでしょうね。だからきっとあれは時間制になっているんだと思う。

朝の何時から何時まではどこの家、何時から何時まではその隣りの人になると、こういうふうに。だから勝手気ままに使うわけにはいかないわけで。それがきっと日によってか何かで、ぐるぐるまわるんでしょうと思いますが……。

そこへ入ってって、その三舛に何時《いつ》の幾日《いツか》どこそこの座敷へ行ってくれというと、「どうも有難うございます」なんてェ……あたくしはその貧乏長屋を見ましたがね。ま、あの辺はそう云ったような、ごく安直なお住いがあったもんです。

『鼻きき源兵衛』で、ここに八百屋の源兵衛という人が自分はそういう下谷の長者町に住んでいるが、顧客《おとくい》は本所《ほんじょう》の方でございます。本所だから朝早く起きて向う河岸へ行って、品物を仕入れて商いをするというわけで。もちろん、天秤棒《てんびんぼう》でかつぐんですから根《ね》が大したものじゃないが、ま、かつげるだけはかついで商いをして、すっかり荷がなくなると天秤と入れ物ですね、品物を入れるかご、それだけ持って家へ帰るというわけで。

ある日のこと両国橋を通りかかる。欄干のところへ、もう帰りがけだから一休みしていこうてンで、手をついてこう川の中を覗いてみると、下に屋根船があって芸者なぞに三味線を弾かして陽気に騒いでいる。上から覗いた源兵衛さんが、

「なるほど。たいていは上を見て暮しちゃいけない。人間というものは下を見て暮せ。〝上見

れば及ばぬことの多かりき、笠着て暮せ己が心に〃という歌がある。しかし両国橋は違う。〃下見れば及ばぬことの多かりき、上見て通れ両国の橋〃という狂歌があるてェ事を聞いたが、昔鋳かけ屋の松五郎てェ者が此処《こツ》から見て、『下で芸者をあげて騒いでいる。こうして鋳かけの荷をかついで暮しても一生、生涯また栄燿栄華をして暮すも一生、こいつァ一番宗旨を変えにゃァなるめえ』てンで、鋳かけの道具をぼかァんと川ン中へ放りこんで見得《みえ》を切る。芝居ならばね……。ここで鳴物《なりもん》が入ってこれから大泥棒になる、鋳かけ屋の松五郎てェものが」

放りこまれた時に下の船じゃァおどろいたでしょう。上から、何しろ鋳かけの荷物ですから相当目方がある。えらい水音で船の客がびっくりして、「何だ何だ、身投げか？」って船頭に聞いたら、「いや、荷投げでございます」という……そんな噺がありますが。

今云った源兵衛が、

「俺はまあ泥棒にはなりたくない。しかしこの間話を聞いたが、〃こころほどの世を経る〃という言葉があるという。自分がしみったれた料簡《りようけん》を持っていれば、生涯下で暮さなきゃならない。もし大きな望みを持っていれば必ず成功をする。しまいにはその望みをいくらかでも叶えられるって事を聞いたが。俺ももうこんな荷をかついで八百屋をしてンのは厭になってきた。よそうかしら……よし。天秤棒があるからこれでかつがなくちゃならないと思って、明日《あした》また商いに行くんだから、こいつを捨てちまおう。鋳かけ松の真似じゃねえけれども、こいつを捨てちまったらまた何とかいい分別があるだろう」

てンで、天秤棒だの荷を、川の上から放りこんでしまってね、それで家へ帰ってきたんです。

すると女房が、

「まあ、お帰ンなさい。どうしたの天秤棒は？」

「うん。今両国橋から俺ァ打っちゃってきたんだ」

「あらまあいやだ。どうしたの」

「いや。どうしたんじゃねえ。お前なにか……俺とこうして夫婦になっているが、生涯俺と一緒にいたいか、それとも俺の云う事が気に入らないってンならばここで別れるから。どっちかに覚悟を決めてくれ」

「何だね、だしぬけにそんな事を云って。お前さんとは何も、今まで喧嘩もしたこともないし、仲良く暮してきたんじゃないか」

「いや。これから俺のする事をとやこう云われるてェと、俺ァ何にもできなくなるから。何をしてもぴりっとも云わずに俺に任しておくか、どうだ」

「うーん……そらまァ事にもよるが」

「いや、事によってもよらなくても」

「ま、それじゃ仕方がない。お前さんとあたしゃァ別れたいと思わない。どんな事があろうともお前さんと一緒に暮したい」

「そうか。それならば〝こころほどの世を経る〟という言葉がある。俺ァこれから大きいことを考える」

「何だね、大きいことを考える……？　奈良の大仏様の何かお手伝いでもしようてン……」

「そんなこっちゃねえ。まずこれから家を探さなきゃならねえ。ま、その間いくらか銭はあるから。うーん、当分の間それで食いつなぐから」

翌日ンなるてェと、これからあっちこっちてンで源兵衛がとんで歩いてる。何をしてるのかってェとこの、家を探したんで。三日ばかり経つてェと帰ってきた。

「いやあ、今日は家を見《め》っけてきた」

「家を見っけてきたっていったいどこにあるの」

「おどろきなさんなよ。白木屋てェのを知ってるかお前。日本橋の」

「そらお前、名高い店だもの、買物に入ったことはないけれども前を通ってそのぐらいの事は知ってらァね」

「あすこのちょうど、真向うに空き家があったんだ。間口が七間半、奥行が十三間。蔵もある」

「へえ。で、どうしたの。そこの物置きかなんか借りるのかい」

「何を云ってやン。物置きなんぞを借りるんじゃねえ。その店を売家としてある脇に小さく貸してもいいというんだ。俺がその持ち主に会って、買うには買うがとにかく住み心地《ごこち》がよくなくっちゃいけねえ。とにかく黙って二月ばかり貸してくれ。気に入ったらばその店を買いとる事にするからと話をして、どういうご商売だってェから、もう金なんざあり余って家ン中にゃァ金の茶釜が十七、八も転がってるてな事を云った」

「まあ呆れたねえ。どこにそんな金があるの？」

「まあまあそこだよ。〝こころほどの世を経る〟てェのは。向うも信用をしてそれならお貸ししてもいいという。だから五両という金を、まァま、これは樽代だと云っておいてきた。じゃァ明日っからそこへ引越しをするんだから」

「どうするの」

「ま、何でもいい」

家にあるものはたいてい売っちまって、本当の必要な世帯道具だけでここへ越してきましたが、何しろ間口が七間半もあるという、これへ暖簾《のれん》もかけなくちゃならない。古着屋へ行きまして。昔はあの柳原なんぞへ行くと、古着屋さんがずうーッと並んでいたんで。ところがまあ七間半という、そんな大きな暖簾《もの》はありません。それでしかたがないから普通の暖簾を買ってきて、女房にこれをすっかりつながしたんですがね。三つとも全部色が違い、名前が違う。近江屋、三河屋、松坂屋というので、これをこう三つつないだんで。「ああ、これでいい。これでいい」

こいつをかける。

「だってお前さん、名前が違う」

「名前なんぞ違ったっていい。な、これでいいんだ。近所へ俺ァ挨拶に行ってくるから」てンで、隣りの家へ行って、

「ええ、手前は近江屋、三河屋、松坂屋源兵衛という者で、お隣りへ越して参りましたのでどうか一つ、何分よろしくお願いいたします」

近所でもびっくりして、「何でしょう。ずいぶん長い、何だろう……長い屋号だねえ。近江屋、三河屋、松坂屋源兵衛だってンだ。ちょいと覚えにくいね、こりゃァ」なんという。

とにかく、畳は残らずなんてェわけにはいきません。たいへんな畳数で……しようがないから畳を二畳だけ買ってきましてね。店へ一帖敷いてその上へ坐り、奥の方へ一畳これへおかみさんが坐るという。

当人は店ンとこへ坐って近所へ響けるような大きな声で、

「こら。あァ松吉、あの竹次郎、それからあの六之助はどうした？　うん。ううん、福吉、大工はまだ来ないのか。畳を早く入れさせせなければいけない。時次郎や」

なんてな事を云って、だァれもいないとこでね。がやがやがやがや自分一人で怒鳴《どな》ってる。毎日々々そんなことをして、近所じゃいったいあすこは何だろうってンですが……えたいが知れない。それはそうでしょう。やってる奴でさええたいが知れない。

と、向う側が申し上げたように白木屋でございまして、あるお屋敷から布《きれ》を持ってきたんですね。

「これは先祖から伝わっているものであるが、この布を、何というものか分らないので、いろいろ呉服屋などにも見せたがこの布の名を知った者がないという。当家は白木屋という老舗でもあり、お前のところならば分るだろうと思うから持ってきた。何とか一つ、この布を見て名を教えてもらいたい」

「それで、大事な顧客《おとくい》でもございますし、とにかく、番頭さんが大勢集って何と云うんだろうてンで見たが、どうも古い物には違いない、結構な品ではあるが、その布の名が分らない。しかし、ただ分らないと云って返すわけにはいかない。じゃ手前の方で取調べますあいだ、どうか七日ばかりご猶予《ゆうよ》を願いたい。

「それではしかと頼みおく。大切な品であるから間違いのないように」

と、そのまま使いは帰ったが、さァどうも番頭連中もあつまったが分らない。

「うーん、困った事だ。とにかく、これは大勢の人に見せなければいけない。そうすれば誰か、知った者もあるだろうから」

そこで、この布の名を教えて下すった者があるならばお礼を致します。五十両までのお礼は差し上げるから、どうか一つ仰有《おつしや》って頂きたいという口上書を、もちろんそれには番人をつけまして店の先《はな》へ出しておく。とにかく、名前を云えば金がたいへん儲かるんだからてンで。いろいろな人が来て入れ代り、立ち代り見たが商売人ですら分らないんですから、素人《しろうと》が見たって分る道理がない。

前にいるこの近江屋、三河屋、松坂屋源兵衛もこの様子を見ている。

「俺があれを知っていれば名前を云って、五十両黙って儲かるんだけれども、やっぱりそうはいかない。世の中というものァなかなかどうも、そう金は入ってこないもんだ。とにかく、あの布の名を知りたいもんだ。あァ松吉や、時次郎や。あァ定吉、亀吉や。大工はまだ来ないのか」

相変らず、気違いじみたことを云っている。

と、一日経ち、二日経ち、三日経ったがどうしても名を知った者がない。四日目でございますが、午前中はいいお天気だったが、午後になりましてから風が出てきた。すると今で云う突風という……竜巻ですな。ひどい風が急に巻き起って、この大切な布というのを、ぱあーッと空中へ舞い上げてしまった。「ああッ」というちに、布がこう上の方へさあーッとのぼってった。

源兵衛さん向う側でね、相変らず怒鳴っていたが、この布に注目をしていたんで。

「ああッ」といううちに布は見えなくなったんで、さてはあがったなと思うから、じぃーッと見ていると、そのうちにいったんはあがりましたが、だんだんだんまた布が下がってきて……、白木屋のうしろの方に蔵が二戸前ございまして、その蔵と蔵のちょうど真ん中、庇間《ひやあい》のところの折れ釘へ、その布がぶら下がった。こいつは自分だけが見て誰も気がつかなかったので。

ところが白木屋はたいへんで。大事な布がなくなった。こりゃ申しわけがない。何とかして探さなければってンで、店の者が八方へ手分けをして見て歩く。ごったがえしているというわけで。

暫時考えていた源兵衛、のこのこ白木屋へ入ってって、

「ご免下さいまし」

「はい。何でございますか」

「手前はお向うにおります近江屋、三河屋、松坂屋源兵衛と申す者。実はちょっとお話があって伺ったんで」

「いや。とにかく家で取りこみがございますので、またご用は……」

「いやいやいや。実はその取りこみについて申しあげたく出ましたもので。お宅の番頭さん、ご支配人にお目にかかりたい」

で、そこで支配人、番頭が出て来て、

「その事についてと仰有いますが何でございます」

「ええ。この私は昔から妙な技がございまして。何でもものを嗅ぎ出すという」

「何でございます。その嗅ぎ出すてェ……」

「いや。匂いをもってその品物を嗅ぎあてるという。これは他の者にできない手前だけのもの。どんなものでもたいていはもう私が嗅げばきっと分ります。ははァ……お宅様ではお預りの何か、大事な布がなくなったというので騒いでいらっしゃるので。私がこれをね、嗅ぎ出してあげようかという……」

「そりゃそうしていただければまことにありがたい事で。手前の方でも八方手は尽しておりますけれども、未だにまだ布の行方は分りませんので」

「それはご心配なことで。あなたの方で願いたいというんならば、手前が嗅ぎ出して差しあげてもよいが」

「ぜひお願いをしたい」

「しかし、出ました時にはまことに申しかねるが、この嗅ぎ出すまでには私もいろいろ頭脳《あたま》をつかい、体をつかい、何やかやと致しますからそれだけのことは……」

「ええ。そりゃもう分っております。いか程でもお礼は差しあげますから、どうか一つ願いたいので」

「いや。ま、よろしい」

と、これから店を出て、ふんふんふんふんてンでね、匂いを嗅いで。

「どうもこっちの方ではなさそうだ。もう少し奥の方へお宅の中へ一つ入れていただいて。やはりこちらの方に匂いがするようだから」

いきなりその、現場へ連れてっちまっちゃ値打ちがないというんで、家の中へ入ってあちらこちらてンで、匂いを嗅ぎながら……台所、それから蔵の方へ……。

「ははァ。ここは蔵でございますか。こちらの方に大分匂いがするようですな。で、中へ入ってみたいから」

「どうぞ」

ってンで案内をしてくれる。それで蔵ン中へ入って匂いを嗅いだ。

「うーん。たしかに匂いは近い」

「さようでございますか」

「うん。しかしな、うん……ここではないらしい。蔵の中じゃァない。外らしい」

てンで、蔵から出て今度は蔵と蔵のあいだへ入って、

「ああ。大分匂ってきました。ふんふんふん……こっちだこっちだ。たしかにここだ。うんッ、あそこにひっかかっている」

てンで……頭を上げてみると折れ釘のところへ大事な布がひっかかっている。

長い棒を持ってきて早速にこの布を取りました。サァ白木屋は大喜び。

「お陰様でもうこれで手前共も助かりました。何とお礼申し上げてよいやら」

「まあまあまあ、お宅とは私ども向うまえのおつき合いで。まあまあこのくらいなことは私の方でも何とかお手伝いをしたかった。わたくしが嗅ぐと十里四方のものは何でも嗅ぎ分けるよ。何かまたありましたら嗅ぎ出してあげますよ。じゃあ一つよろしく」

てンで帰ってしまった。

翌日になると白木屋から礼に、三百両という金を持ってきた。当時三百両といえばたいへんな金でございます。

「いやいや。金なんぞお貰い申そうと思ったわけではないが。いや何しろどうもな、うーん。大工が忙しいというし、畳屋はどうしたんだ。これ源吉や。それからおい、あの大工の棟梁のところはまだか。え？　早くこちらへよこしなさい。左官の方はどうなっているんだ」

なンてンで、一人で何か喋っている。

番頭も何か変な人だと思って金をおいて帰ってしまう。向うの姿が見えなくなると、早速持ってきたものをあけてみる。と、三百両という金が……。

「どうだい。え？　俺が云った通りだろ。人間は〝こころほどの世を経る〟という……。八百屋をしていれば生涯かかったってこんな金は手に入らない」

「まあお前さん。何か気が違っちゃったんじゃないかと思って、あたしゃ心配をしていたんだけれども、まあよかったねえ。こんなお金をいただいて」

「早速本当に畳を入れよう」

これからどんどん畳を買いまして、店の方もそれぞれにいろんな造作なぞをして立派ンなるというわけで。しかしまァ何という商売もありませんので、ただ立派になっただけで。これから先きはどうしたらよかろうと思ったが、まあまあそのうちに運が向いてくるだろうってンで。まことにのんきなもの、一月ばかり経ちまして白木屋から、

「ご当家の旦那様にぜひお目にかかりたい。手前どもへおいでを願いたいので」ということで。

「おお。またなにか頼まれるに違いないから行ってみよう」

で、白木屋へ行く。

もう向うでは丁重なもてなしでございまして、立派な座敷へ通し、お茶、お菓子、煙草盆なぞ丁重な扱いで。

主人《あるじ》が出て来まして、

「先だってはありがとう存じます。お陰様で私どもでも大助かりでございました。時に今度京都白木屋の本店で、先祖伝来の印籠が紛失して名ある占者にも見てもらいましたが駄目でございまして、江戸の鼻きき源兵衛という方は十里四方のものは嗅ぎ出すというはなしで、是非とも京都へ来ていただきたいと飛脚が参りまして」

「それはよしましょう。京都と云っても……向うへ行って土地が変るからうまく嗅ぎ出せるかどうか」

「そんなことを仰有らずどうかお願いを致したい」

と、頼まれて……。考えりゃァ向うの銭で一文も使わずに見物をしても得だからと、これから番頭が一人案内役について、京都へ。向うに着くと運のいい奴で盗んだ者が源兵衛という人はどんなものでも嗅ぎ出すという話を聞いて恐しくなって、その晩源兵衛の部屋へ、そっと品物を置いて行ったというわけで。

苦労もせずに無事品物が出た。いや、大喜びで、これも源兵衛さんの鼻のおかげというわけで。すると、大内で八咫《やた》の御鏡《みかがみ》と定家卿の色紙が紛失して八方探したが分りません。すると江戸から源兵衛という者が来て、これこれという話で早速これを嗅ぎ出せという御沙汰、これは断るわけには参りませんので、関白殿下にもお目にかかる。

「どうか一つ、この品は嗅ぎ出してもらいたい」

「よろしゅうございます。ええ……しかしとんとまだ当てがつきません。私も方々匂いを嗅いでみたいと思いますが」

「どこへでも案内をさせるから一つ嗅ぎあててくれ」

「承知いたしました」

てンで、これから方々有名なところ南禅寺だとか、三十三間堂、清水《きよみず》、あちらこちらてンで見物をしてね……。今度こっちの方も匂うから、稲荷山の方へ行ってみよう。桃山の方もいいかな、嵐山へ行ってみたい。向うの方にも匂いがする、なんてンで。あっちこっちてンで、もう名所旧跡方々見て歩きまして約一ヵ月ばかり経ったが、いっこうまだ嗅ぎあてない。そりゃそうでしょう。嗅ぎあてないったって全然分らないんだから。もう殿下の方はまだかまだかというお催促で。

「これだけ見物をしたので帰ろうかしら……しかしまだ祇園の芸者だとか、あるいは島原の花魁《おいらん》なんてェものはどういうもんだか見た事がない。こりゃ殿下に申し上げた方がいい……。どうも祇園の芸者なぞにちょっと怪しい匂いが致しますが、これらのものを一つ」なんてンで。

これから祇園の芸者をかったり、島原へ行って花魁のまた……匂いをかいだり。匂いだけではいかんから一晩泊りたいなんてンで。いろいろ遊んだり何か致しましたが。ところがどうもまだ、お宝の二品《ふたしな》の匂いがしない。

「もう他にないか」ってェと、

「さようでございます。御所の中を」

「御所の中……」

「へえ。何かそういう匂いがするように手前には思われますが。はっきりとは分りませんが、いかがなものでございましょう」

ところがどうも昔ですからやかましい。――そんな身分のない町人なぞを御所の中へ入れるわけにはならんという。ならんと云ったってこの二品の出ない時にはえらい事になる。何とかして探し当てねばならない。さすればどうも、そんな事をとやこう云ってる場合ではないから、ではどうしようてェ事ンなる。しからばただ入れるわけにはいかないから、位《くらい》を授けなければいけない。名前もつけて近江屋、三河屋、松坂屋源兵衛じゃいけないというんで、従五位の上という位をもらいましてね。近江守藤原源兵衛鼻效《はなきく》という立派な名前をつけた。これから御所へ入れる事になる。

とにかく、御所へ入ったんですから冠をかぶって、衣冠束帯というやつでね。笏というものをもって。笏ってェのは何か変なものですね。すりこぎのけずったようなもので、こいつを持ってお庭内を歩くんですが、何しろ一人で歩かせるわけにはいかない。あとから十五、六人仕丁というものがぞろぞろぞろくっついてくるんで。ところがこれがね、ちょうど真夏の暑い盛りなんですが、ふんふんふんふん匂いを嗅ぎながら歩いている。炎天だから暑くってたまらない。奴《やっこ》さん汗も拭きたいし、少しはこの肌なんぞを脱ぎたいがね、どうも装束をつけて片肌を脱ぐってわけにはいかない。第一、お供がぞろぞろくっついているんですから匂いどころじゃない。てめえの汗の匂いばかりでどうにもしょうがない。

見ると泉水がありまして、その向うが築山になっておりまして、小高いところで結構なお茶亭があります。

「あの辺で何かこう少し、匂いがするようだ。しかしお前達がぞろぞろくっついてくるんで、その方達のくさい匂いがして妨げになってどうもこの……よく分らん。暫時控えているように。いいか、もしも覗いたり何かするてェと、この匂いがたちまちに消えてしまってお役に立たんから。ずうーッと俺の姿の見えないところまでさがれ」

「はッ」

という。一同の者つつしんで行っちまったんで。

来て見るてェとね。こう大きな何の木か分りませんけれども、それに木の虚《うろ》がある。その上の処がまるで漆を塗ったように天然の腰掛けになっております。その上にはまた木が、うっそうとして日も当らず屋根のようになっている。そこへ奴さん、腰をかけましたが自分の背より高いから、足をぶらぶらぶらぶらさしている。

と、その虚ンなってる木の中から何かこう、冷たい風がすうーッと吹き上がってきますから、

「ははァ、こらァたいへんいいところだ」

ってンで、そこへ奴《やっこ》、腰を掛けて、冠なんざ放り出しちまって片肌ぬいですっかり手拭いでもって汗をふいて、

「あァこれでいい。もう蒸し殺されちまうかと思った。たまらねえ。あァいい心持ちだなァどうも。しかしまァ人間てェものは妙なもんだ。え？　俺がちゃらっぽこを云って、大きな事を云ったために、人が見られないところを俺は見る事ができた。こうして御所へ来て、こんな服装《なり》をして歩こうとはまるで夢にも思わなかった。それに第一ここンところはいいな。涼しくって……。これで嬶ァの奴にしこたま銭が儲かってどうだってェと、やろう、目を丸くしやがンだろう。とにかくまああ、今日は暑かった」

ひとりごとを云いながら足をぶらぶらぶらさしている。もちろん、お公卿さまの服装《なり》ですから、あの木の沓《くつ》のようなものを履いてる。踵でもってポーンとその木の虚ンなってる処へぶつけるてェと、こいつが中へ反響《ひび》けてコーンという。まことにいい音がする。

「もう一ぺんやろう」

今度は左の足で蹴るてェと同じくコーンという。

「はは。こいつは面白いや。どうもいい音だ」

奴、調子にのって両方の足を代る代るポカポカポカポカやる。コンコンコンコン、コンコンコンコンという。すると、ガサガサガサッという音がした。奴さんおどろいてとびのいて、ひょいと見るてェとね。何だか知れませんがその穴ン中から、真ッ黒けな奴が匍い出したんで。いや、おどろいたね。さすがの源兵衛ぎょッとした。

「こらこら。何だてめえは」

「へえ、まことに恐れ入ります。命ばかりはお助けの程を願いとうございます」

「何だ、きさま。いったい何だ」

「へえ。どうか命ばかりはお助けを願いたいのでございます」

「助けろ助けろというが、こんな処へ人が入るべきところじゃないだろう。何だ、きさま」

「実はなにぶん腹が減っておりまして、どうにもなりませんで申しあげますが。定家卿の色紙とその御鏡はさる方にたのまれ金に目がくらんであたくしが盗んだのでございます」

「きさまが盗んだのか」

「へえ。しかし盗みは致しましたけれども、どうにもなかなかここから出る事ができません。警戒が厳重でございますので、もう少し警戒《これ》のゆるむまでと思い、あらまし食いものなども用意を致し、それを食べておりましたけれども、それももう食べ尽してしまい、こゝンところはもう一月ばかり何も食べちゃおりません。夜になりますてェとお泉水の水なぞを飲んでしのいでおりました。とてもこのままじゃ逃げる事はできませんので。どうか盗みました品はお返しをいたします。お助けの程を願いたいんでございます。それに只今、この穴の中におりますと百雷の落ちるような音がいたしまして、恐しさのあまりこれへ出て参りました」

足でポカポカやったのが穴の中ではガンガン響いて耳も破れんばかりの音がした。

「うーん、そうか。じゃお前がその二品を盗んだという……。それをここへ出せ」

「これでございます」

二品を恐る恐る差し出したから、

「よし。それじゃきさまを助けてやってもいい」

「ありがとう存じます」

「しかし助けるといっても今はみだりに出るな。危ないぞ。すぐきさま捕まっちまう」

「どうしたらよろしいでございましょう」

「うん。まずもう二、三日辛抱をしろ。この御宝さえ出れば警戒も少しは解けるだろうから。そうしたらうまくここから逃《のが》れるように。幸い俺が持っている、この食いものがある。途中で食おうてンでね、おむすびを持ってきた。二つばかりあるからこれをきさまにやる」

「ああ。ありがとう存じます。こりゃもうお金を頂戴するよりは、これをいただいた方がどんなに嬉しいか知れません」

ぬすびとがむすびをもらって喜ぶようじゃもうしようがない。

「じゃとにかく気をつけて。逃げる時はこれをやるから」

自分が持っていたわずかな金をこの泥棒にほどこしてやりました。

「それじゃいいか。二、三日はここでひっそりとしていろ。穴へ入ってろ」

これから源兵衛さん、こいつを関白殿下のところへ持ってきまして、二品は首尾よく只今手に入りましたという。関白殿下も大喜びでございました。

「よく致してくれた。源兵衛、ほめつかわすぞ」

「へへえ……。ほめつかわすだけじゃいけません。どうか私《あたくし》にごほうびを頂きとうございます」

「うん。ほうびは何なりとつかわす」

「へえ、何なりとと云って、私は金が欲しいんでございますからお金を頂きとう存じます」

「うん。金はつかわす」

「どうかたくさん願いたいんでございます」

「たくさんつかわすが他に望みはないか」

「へえ。望みは金でございます」

「いや、望みの金はつかわす。他に望みは」

「へえ。ほかの望みも金でございます。金を下さい、金を」

「何だ。金ばかり欲しがっている。きさまは卑しい奴じゃ」

「ええ、卑しくても何でもよろしゅうございますから、どうかお金が欲しいんでございます」

「そのほかになにか望みはないか」

「へえ。美人を百人ばかり」

「よろしい。美人を百人つかわそう。ほかに望みはないか」

「ほかの望みは金が欲しゅうございます」

「また、金が欲しいという。しかし人間というものはこれならばしてみたいという事があろう。え、それを申してみよ」

「それでは申しあげますが」

「うん、何だ」

「あの日本一の吉野山、結構な所というので私も先だって参りましたが、まことに美しい所で。あすこへ一つ私の家を建てまして住まうようにして頂きたいのでございます」

「うん、そうか。さような事はいと易い事であるから」

これから早速、この吉野山へ立派な家を建てます。美人も大勢つけてここへ住まうてェことになる。さあ、京洛中は云うに及ばず江戸にもこの評判がたち、えらい騒ぎで……。

「どうだい。大したもんじゃないか、ねえ。あの、鼻ききの源兵衛という人が匂いでもって、とうとうその大事な紛失をしたお宝を嗅ぎ出したという。うーん……どんな立派な鼻なんだろう」

「どんな立派な鼻ったって……そりゃ見なくちゃ分らないなァ」

「実に大した鼻だ。そういう鼻を一度見たいもんだ」

「ああ、鼻（花）が見たけりゃ吉野へござれ」

で、これがオチでございます。


これは藤山寛美という人が、今、喜劇でもってよく演っていますようですが、これは本当は喜劇ではなく落語にありましたもので。それを喜劇になおして演っているもんですが、『鼻きき源兵衛』といって。このほかに、『鼻きき長兵衛』という噺もあります。

これは白木屋の前というので思い出しましたから、その筋だけを申しあげておきました。

常磐木倶楽部　それから大震災前までは、あの榛原《はいばら》という紙屋さんは橋のちょうど前のところにございました。となり……角が西川という蒲団屋さんで、そのとなりが榛原。そのとなりに常磐木倶楽部という貸席。ここで落語研究会というものをばやりました。明治三十八年の三月でございますが、これが第一回で。

当時落語というものが非常に乱れてきた。というのは、初代と称します、これは本当は三代目になるんですが、あまりにも人気があり、明治時代にこの、圓遊という人が落語界を風靡いたしました。

三遊亭圓朝というような大名人ができまして、その弟子でございますが明治調で、非常に時代に合った、噺をくずして面白くした人ですが……けれども圓遊調は落語本来のものではない。けれども圓遊という人はそれだけの功があって圓遊の値打があるわけですが、ところがその弟子やなんかは圓遊のただ本当の物真似にすぎないというので……。ただし、これがまた時代ですね、物真似でも何でも当時はうけたわけなんです。だからまともに噺をしていちゃァなかなか売れないから、圓遊の真似さえすれば噺家も売り出すことができるというので、だれもがそんな事で圓遊の物真似がふえてしまいましてこれが蔓延《はびこ》り、つまり下手《まず》い圓遊ばかりがこてこてとふえて……、そしていい噺をする者、芸のできる者がみんな脇に押しのけられてしまったというわけです。

それを当時、三遊亭圓左といいまして、やはり圓朝の弟子でございますが、この人は非常な芸熱心で、どうかして本当の落語というものをば存続させるのは今である。時期がおそいてェと落語というものはこんなだらしのない、下《くだ》らないものかというように世間から馬鹿にされて捨てられてしまってからではもはやじたばたしてもしようがない。今ならばまだいい噺家も残っているんだから、ここで立て直そうというんで。当時、速記者というものがございまして。今でもまあ速記というものは議会やなにかで使います。落語を初めて速記というものに掛けて、口演したのは圓朝だそうでございます。それからまァおいおいに速記をやる者もふえましたが。今村次郎という、この方はずいぶん古いかたでございまして落語、講談界に対して隠然たる勢力を持っていた。というのは、今の講談社でしょうな、そのほか本屋さんの大きいところ……ま、落語、講談なんてえものを掲載する雑誌。そういうところの権力はこの今村次郎という人が一人で握っていたわけで。だから噺家が真打になりますと必ずこの今村さんのところへ、まず顔出しをしなくちゃいけない。

というのは、今度真打になりましたとか、あるいは改名をしてこういう名になりましたというと、必ず今村さんへ顔出しをする。「あ、そう。じゃねお前さん、何か本へ出してあげようう」というわけで。今村さんがうけ合う。出してあげようというのはそれだけの権力がありますから。

向うの本屋さんへ今度こういう者が襲名をしたとか、こういう出世をしたからどうか一つ使ってやって下さいてンで。この今村さんが速記をして、社の方で今村さんの推薦ならばというんで受けるわけなんです。だから今村さんてェものはたいへんな勢力をもっておりました。

この人にまず頼んで落語研究会……こういうものをやってみたいという話をした。それならばというので、当時批評家でありました岡鬼太郎、森暁紅、石谷《いしがや》華堤という、この三人の先生がたに話をしたところが、「まことに結構である。このままではいかんからぜひとも、ちゃんとした噺を残すようにしてもらいたい。じゃあ私たちが顧問になろう」というわけで、三人が落語研究会顧問。今村次郎が万事一般の事務のこと、会計から何から引きうけようという事でできましたが……これが明治三十八年でございました。

落語研究会の名人たち　その当時、まず選ばれましたのが三遊派の橘家圓喬という、あたしども聞きました噺家の中で、まあそれ以上にうまい噺家というのは今もって聞いたことはありません。あたくしが十二の年まででしたが、聞いたのは。こりゃまあ圓朝の直門でございますけれども大した芸の人でした。

それから三遊亭圓右、橘家圓蔵……私の師匠で。それから三遊亭小圓朝。この間亡くなりました小圓朝、あの人は本名芳村幸太郎という、そのお父っつぁん……芳村忠次郎といいました。それから発起人である三遊亭圓左、この五人。全部三遊派の者でございまして。その当時は柳、三遊と二派《ふたは》にわかれておりました。三遊派が五人でて柳の方からは柳家小さん。これは三代目でございますが……一人だけ、六人……。これが発起人としてスタートをしたわけで。明治三十八年の三月でございました。

で、これは客はこない、まじめな噺家ばかりが集って、ちゃんとした噺を演るんだから。今はもうお客様が圓遊調に麻痺されているわけで。だからとてもやったって客は来ない、けれども何としてもこの会だけは、客の来る来ないは別として続けよう、勉強しよう。一人五円ずつ出したらよかろう、ってことで始めたのです。

一ヵ月に一回の会で五円。と、六人いるんですから三十円の金が集るわけで。まだあなた、明治の三十年時代に三十円の金というのはたいへんなものです。だから諸雑費、それから会場費、それらのものを全部払ったところで三十円あれば立派にできるわけなんです。だからそれだけの金を出そうじゃないかという相談の上でやったわけです。

ふたをあけてみると予想に反してお客様がたいへんにおいでになった。一同、もうびっくりしたぐらい。十二時から開演というんですが、もう十一時過ぎてお客様はどんどんどんどん入ってくる。

もうあらまし、七、八分通り入場《はい》ってしまったんで……。これで困った。まだ十一時半頃……開演時間までこの入ったお客様をただ待たしておいては悪いからというので、その時にどうしようって事になって……、小圓朝の弟子で、のちに二代目の金馬になりましたこの人が来ていたので。まだ当時二ツ目だったんです、圓流といった。これが楽屋にいたもんですから、

「じゃァ何だ、おまえちょいと、お客様のお集りのあいだ十二時まで演って、それからあとは会員の者があがるようにするから」というようなわけで、急に臨時がとび出すというようなわけで。

いやもう、たいへんだったそうですね。閉場《はね》ました時なぞはお客が一時《いちどき》に、どうッ、と押し出してきたんで。昔の事ですから下足というもので履物は一々あずかっている。

ところが倶楽部なんぞの下足番というのはこらァもう、ごく年寄りかなにかで、ぼつぼつぼつぼつ出せばいいわけなんですが。そうでしょう、催物といった処でまあ呉服の何かやるとか、お花の会だとか、やれ何の会だとか云ったような事で、そんなにあなた、何百人もお客様が殺到するなんてことはないわけですから。ところが演芸ですからいつものような事じゃァない。帰るとなればもう済んじゃったんですからお客様ァ殺到してきた。とてもじゃァないが、まごまごして下駄を出せない……。そこで会員の者が感激の余りに仙台平の袴をはいたままその股立ちをとって白足袋のまゝま土間へとび下りてお客様の下足を手伝って出したという挿話があります。

まだまだ落語は地に墜ちてはいない。聞いて下さるお客様はまだ大勢いらっしゃる。われわれこれから大いに勉強をしようではないかというので、一同涙を流して喜んだという、それがこの常磐木倶楽部の落語研究会というものの始まりでございます。

薬師の宮松亭　それからのちになって薬師の宮松、これは茅場町にあります。今でも薬師様がございますが、あの茅場町の境内に宮松亭という席がある。これは圓朝などはよくここで興行いたしました寄席でございます。

ところがもうその時代になりますと落語というものはやりませんで、主に女義太夫……たれぎだってェましたが、その義太夫ばかりをかけていたんですが。会場をこの宮松亭へ移すことになりました。

それというのはやっぱり常磐木倶楽部で演っていたかったんですが、村井銀行という銀行がその倶楽部の前へ建つわけで、鉄筋を打ち込む。どぉん、どぉん、という音、それが響いて噺の邪魔になってどうしても演れないんで。仕方がないから、じゃ会場をこりゃもう移す事にするよりしようがない、なかなか工事はお終いにならないからと云うので、そこでこの宮松の方へ落語研究会というものが引き移ったんです。

落語研究会は大正十二年八月までは続いてやっておりました。当時この会はたいへんに権威があって、この会へ出演できるというのは落語家として、実に名誉な事でしたと云えば、大袈裟なようだがけっして嘘じゃァない。若手の落語家で、「今度研究会へ出演する」なんてェと、その人を改めて見直すというぐらいです。

わたくしも十四歳ぐらいでしたか研究会へ……と云ってもいきなり出演したわけじゃァない

ので、つまり前座になったわけですよ。ただし寄席ではわたくしは二ツ目で、前座がお茶を汲んで、「ご苦労さまです」と云って敬意を表して出してくれる。

それが研究会へ行けばお茶を汲んで出し、下駄をそろえ、羽織をたたむ、前座通りの仕事をしなければなりませんが、それを無上の光栄だと思って本当に嬉しかった。何故かと云って研究会の前座になれば、かならず今に演らしてくれる。研究会へ出演できるということは将来を約束されたようなものですから、見込みのない者は絶対に出してくれません。

もちろん、この前座になるには自分の師匠から「どうでしょう」といって推薦される、今村さんへ。すると、「ああ、あれならいいでしょう」

もちろんその芸も聞き、人間も知っていての話ですが、ただし今村さんは玄関口でそれで決まるわけじゃァないので、岡先生に聞き、石谷、森、全部の先生がよろしい、と云って初めてゆるされるのですからたいへんに手数が掛かる。

わたくしは幸いと義太夫語りから転向して落語家になり、つまり普通の二ツ目と違い先生方も知っているのでスラスラとゆるされましたが。

いや恐い会だと思ったのは、当時の幹部は四人でした。圓喬、圓左の二人はもはや歿していたので、圓右、圓蔵、小圓朝、小さんの四人です。それに圓右は三遊派の最高幹部であり出演者の中でも権力もありました。その圓右の伜、小圓右(前名圓子)が春に真打昇進をして、圓右も伜をどうか出世をさしてやりたいという親心で、研究会へ出してやりたいというその心持は分りますが、あるとき研究会へ圓右が出て噺にかかる前に、

「さて、あたくしの伜小圓右でございますが、今年の秋頃より、当落語研究会へも出して頂くことに相成りましたので、その節はよろしくお引立を願います……」

と云ったが、これはもし出演させるならば、前もって相談をするべきなのです。そして一同が承知した上でお客様に口上を云うべき筈なのに、いきなり高座で喋ったので岡先生が客席で聞いていたが、いきなり楽屋へ入ってきて今村さんに、

「今の口上をあなた聞きましたか」

「いえ、何です」

「小圓右を秋から研究会へ出すというが」

「いえ、あたくしは全然知りませんが」

「そうですか。あんなものが出演《で》るなら、私は断然今日限り研究会から手を引きますから」

常にはやさしい先生が、いやたいへんな立腹です。圓右が高座から下りてくると今村さんが陰へ呼んで、暫時、こそこそ話をしていたが、圓右はつまり伜を出してもらいたいと希望をのべたつもりだというが、希望だけでなく出して頂くと……なってしまった。結局岡先生に圓右が詫びておさまったが、これは圓右師が悪いのだが、例のおっちょこちょいで、云わずもがな

の事を云って失敗した。

それにもう一つ驚いたのは、師匠の圓蔵が静岡の入道館で興行中のことですが、もちろん圓蔵一枚看板で、あとは目刺しといって我々弟子一同は下に小さく名前を書いて並んでいる。それが、一晩師匠が静岡をぬき……ぬくというのは休んで弟子に代演をさせて東京へ帰ったのですが、つまり研究会は欠席できないからというのです。

もちろん代演ですから入場料も半額ぐらいに下げたのですが、旅興行を一晩休み、当時の二等車、現在のグリーン券往復を払って研究会を勤めて……師匠のフトコロではきっと損をしていたと思いますが、大切な会だから欠席はできないというので、師匠が帰ったのは偉いと思いますね。それに当時の師匠方は実にうまかったもんです。まだ十四か十五の子供時代に聞いていて、生涯に俺はこれだけうまくなれるのかしら、と考えたこともあり、悲観した事もありました。なかなかあのうまさなんてェものは頭へこびりついていますが。

昼間の四時頃ですが、圓右の『真景累ヶ淵』を聞いていた時に「はッ」と云われた時にぞッとした。聞いていたら真ッ暗になっちゃったんで。あんまり恐いからハッと後ろを向いたらお尻のところに夕日が当っていたんで。

芸の力てェものは恐ろしいもので……昼も夜も忘れてしまった。さもさも真ッ暗な中を、おじさんと新吉が提灯をつけて歩いていると、もう聞いているうちに錯覚しちゃって昼ってことを忘れちゃったんですね。実にうまいもんだと思って感心した事がありました。

『猫久』それから三代目柳家小さんの『猫久』なんてえ噺を……こりゃ柳派の噺です。その当時はやはり柳派、三遊派といって二派ですから三遊でやっても柳の方ではやらない。柳でやって三遊派ではないという噺がありましたんです。

この『猫久』という噺はあたくしは初めて三代目小さんのを聞いたんです。あんまり聞いておかしいんで、大きな声で楽屋で笑ったんで怒られました。楽屋でそんな大きな声で笑っちゃいけないって叱られた。叱られたってしようがない、おかしいんだから。どうにもしようがない。もう一言《ひとこと》々々にそのままおかしさなんてえものは、いやわたくしだって子供の頃からやってる噺家ですからね、噺を聞いたってそんなに素人《しろうと》のようにおかしくもなし、受けないわけですが。

ところがあなたそれが、聞いていて、どうにもこうにもおかしくておかしくて声を出さずにはいられないてェ程……実に大したもんでした。

その『猫久』という噺はまあ、失礼ですがどなたのを聞いても何ンかちっともおかしくないんです。その後も、この人は大看板と云われた人のを聞いたんだがまるっきりおかしくない。三代目小さんの『猫久』という噺のいかに優れていた事か。まあそういうような思い出もありましたが。

初演は背水の陣がよい　落語研究会であたしの父親《おやじ》なんぞは、初演の噺を一番恐いこの落語研究会でかけたが、もちろんその時分ですから文士、筆を持つ方がずいぶん来て多い時は五十人くらい来てましたね。そりゃどうして分るんだてェと、ずうーッとご招待席といって囲いがしてあるから、そこへ坐る人はご招待のお客でなければ他にはないわけで。

だから岡鬼太郎、それから石谷華堤、森暁紅、なんというこの三人が研究会の顧問、石橋思案だとかあるいは何々という、まあその、ずいぶんいましたよいろんな人が。

休憩になると楽屋の二階、そこへご招待のお客様が来てお菓子を出し、お茶を汲んで出すわけです。

あたくしが研究会の前座をしていたからお茶を出す。いろんな話をしている。

「今日の何ンだなァ。圓右のあれはあんまりよくなかったなァ。小さんのあれはどうも思った程ではない。今日は……よくない」

なんて、いろいろ批評をしているんです。こっちから聞けばまるで神様のように思っている落語家です、それをとやこう云って何を云ってやがンだと思ってね、腹を立てた事がありましたが。

しかし今思ってみりゃ、そういう批評をよく聞いておきゃァよかったと思ったが。けれども我々にはそういう偉い方の批評をするどころじゃない。実に感にたえて聞いていたわけです。

あたくしどもの父親《おやじ》なんぞはそういうこわい所で第一の封切をしたわけで。今度初演をするてェ時に。これは一面何かこわいようですけれどもいわゆる背水の陣、ここで演り損《そこな》ってはたいへんだというところで演ってみる。あたくしも考えたが、これは一番いい事なんです。何故かと云うに、これはもちろんあたくしの事ですが、独演会ではずいぶん今まで初演のものをやりました。この独演会というものは、あたくしを一番好きなお客様ばかりしきゃァこないわけです。あたまから圓生は嫌いだてェ人は絶対入ってこないわけです。つまりはあたくしに惚れ込んでいるお客様であり、その人達にもしもここでやり損ったらば、愛想を尽かされる、そんな事があればこりゃたいへんな事になると思って、こわい思いをして初演のものを演ったのです。

中には初演といいながら前に三度《たび》も四度も他の席で稽古をしてそれからかける人がある。だがこれはかえっていけないんですね。やはりこわいところで一番先に、ぼかッと、ぶつかってやった方が自分も、もしやり損ったらどうしようかという緊張感でやりますから、意外とこの初演のものはいいことがある。

そしてそれで成功すると、まあまあよかったてンで二度目に演ると、自分ながら初演ほどにはできないわけなんです。どういうわけか……二度目の方が慣れてうまく演れそうなものなんだが、やっぱりそうでない。何処か緊張が弛むんですね。だから芸はこわいところでやはり初めてのものなんぞは、ぶつけてみるてェ事もこいつァたいへんいい事だと思います。だからあたくしはまあ独演会などで、こわい初めのぶっつけをやったもんです。父親《おやじ》はこの研究会でよくやりました。

当時、若手、若手といいましてあたくしの父親ですね、それが圓窓時代。それから大阪へ行って三代目圓馬になりました七代目朝寝坊むらく。こないだ亡くなりました志ん生の師匠だった、その前の志ん生。本名鶴本勝太郎といいました。馬生から志ん生になったんですが、その他八代目桂文治になった人、本名山路梅吉といった、こういう人がもうみんな、ばりばり売り出して、聞いておりましても実にお客様に受けるし、うまいなと思う人達ですが。相当みな腕を上げてきた。

その時に、楽屋で幹部連中やまた先生方が、もうこの人達も相当にみんなよくなってきたから深いところへあげる……深いところって、つまり幹部が二人あがりその間へ順々に入れて行くわけですね、交替で。それであとへ幹部が二人出るという事になっていた。次会からトリを取らしてもいいんじゃないかってェ事になった。

トリというのは一番最後へ上げる事です。じゃァこれと、これとこれと、これと、トリを取らしてみようという事に決定した。そこでみんなにトリを取るようにと云った時にいっせいに手をついて、研究会のトリだけはどうぞご勘弁を願いたいといってあやまったんですが。これはどうも実に偉いもんだと思います。やはりいかにできても若手であって、まだまだその幹部には及ばざるところは多々あるわけなんです。しかしみんな人間ですから、自惚れはありましょう。俺はまずいと思ったら高い所へ上がって喋っちゃいられないんだから。だから各自自惚れはあっても、なおかつ自分の芸は分っている。だから研究会のトリ席にまわってどうなるかてェ事を考える。できないとは思わないでしょうけれども、研究会のトリだけは勘弁していただきたいと云っていっせいに断っちまった。

今の人間ならば「あァ。よろしゅうがす」てンんで、軽く引受けたでしょうけれども、やはりそれだけの芸に対する心掛けというものが昔と今とは時代も違い、変ったのかも知れませんが。なかなかやかましい会でした。まあそんな思い出がこの宮松の研究会にはずいぶんありました。こりゃ大正十二年八月まであって、あたくしもその研究会へずっと行ってたわけですが、それが九月に大地震があって、そしてこの第一次落語研究会というものがなくなります。それから第二次に移ったというわけ。

再興落語研究会　第二次は先代圓生、父親の希望でわたくしが八方先生がたにお願いしてやっと再興したのが、昭和三年三月十一日、茅場町薬師境内宮松亭で開催、第二回目より神田立花亭に移り、東宝に変り、さらに日本橋倶楽部（当時日本橋区浜町河岸）、それも空襲はげしきため、昭和十九年三月二十六日研究会臨時大会、お名残り公演、会費金二円税共。

この時の出演順

桂文雀（現橘家圓蔵　市原虎之助）
柳家小三治（元協会事務員　高橋栄次郎）
船勇亭志ん橋（故三代目三遊亭小圓朝　芳村幸太郎）
桂右女助（故六代目三升家小勝　吉田邦重）
春風亭柳枝（故七代目　島田勝巳）
三笑亭可楽（故七代目　玉井長之助）
三遊亭金馬（故三代目　加藤専太郎）
三遊亭圓生（著者　山崎松尾）
三遊亭圓歌（故二代目　田中利助）
桂文楽（故八代目　並河益義）
柳家小さん（故四代目　平山菊松）

以上をもって一時閉会となった。

第三次はあたくしは知らなかった……。それはあの満州へ行きましてね。志ん生とあたくしと二人帰れなかった。その留守中に第三次落語研究会というものはできたんでございます。ところがこれは短命にして、五回か六回やってつぶれてしまった。

だいたいこの落語研究会というものはこの人と、この人を、というんで初めから人選をして、ちゃんとまじめに噺をやる人、本当の落語というものをやるべき本筋のものというのが規定でございます。

ところが第三次の時にはそうではなくして、そういうふうな初めから制限をするてェ事はよろしくない。一般の噺家を入れてこそ、本来の落語研究会であるからその制限をして、初めから差別をしてやるてェ事はけしからんことであるという……。

論法はたいへんにお立派なんですがね、駄目なんです。誰でも彼でも出演《で》られるという、それでは本来の研究会にはならないわけで。だからどこへでもこれはあてはまるわけなんですね。政治でも、それから芸界でも。一般に平等に、こうこうやったらいいという……いかに論法が立派であっても、やっぱり一つのちゃんと固まったもの、芯がなくちゃいけないいんじゃァないかと思います。

ですから第三次落語研究会というものは、五回か六回やったけどもお客様もこない。ま、云っちゃ失礼だが、その人達は落語研究会へ出る噺家じゃないてェのが出演《で》ていたわけなんです……。それがためにつぶれてしまった。

それから志ん生やあたくしが満州から帰ってきましてから、第四次落語研究会というものができました。これものちに出演料云々《うんぬん》のことでもってつぶれてしまって、それで現在の落語研究会は第五次になります。今の国立劇場《こくりつ》でやっておりますが。

これは本当のことを申しますと、あたくしは反対をしたんです。落語研究会という名前をつけるにはもっと若手の人を選《すぐ》ってですね、やはりこの人とこの人ならば将来伸びるという人を、落語研究会というものをばその若い人達にやらして、それからあと旧来、落語研究会に関係のあった者は代りばんこか何かで、一人ずつとか、あるいは二人ずつぐらい賛助という名目で出演をして、若い人の手に委ねた方があたくしはいいという、論をはいたんですが、死んだ文楽さんが、「いやァ、どうせやるんならば落語研究会という立派な名があるんだから」それでやりたい、とこういうわけで。

それは名前も立派で会も立派なんだけれども、第四次なんぞもやっぱりだらしのない事をした、いわば上部《うえ》の人があまりだらしのない事をしすぎたからつぶれてしまった、お客様もだんだん来なくなった……。名目だけは会員になっていて、さらに出演をしないてェ者が多くなってきちまった。だからそのまた轍をふむのはあたしは厭だから、そういうふうに新たにやったらどうかと云うんですが、「そりゃやっぱり落語研究会と云えばお客様の方でも、古いかたは名前を知っているから」と、いうわけで、それが現在の国立劇場《こくりつ》に残っておりますあの会なんですが。

日本橋でやったという常磐木倶楽部がありますから、その話に触れたわけですが……大分長くなってすみません。この辺で橋を渡ることにいたします、向うがわへ……。

魚河岸　ここには、また食いものやのことを云うようですが、花村という家がありましたね。京橋の方から行って橋を渡って、左ッ側《かわ》の角から二軒目か、三軒目に花村という……。ここは高級なわのれん、と云ったようなとこですが、いろんな料理《もの》ができて鍋物やなにかが安いし、うまい家でした。それというのは魚河岸が傍でございますから。お若い方は魚河岸ってェと築地だと思っているが……。日本橋を渡った橋の右側ですね……これがずうーッと魚河岸だったんです。だから、河岸のある間はあの中へは入れなかったわけです、自動車《くるま》やなにかは。電車からこう見てますとね、通行止になっている。中はもうごったがえしている。魚を商っているその有様が見えましたんです……。午後河岸がすむと通しました。

だから魚河岸がすぐそばであり、変なものをやったって客は入らないので、花村ってうちは、なかなか魚なんぞはあたらしく生鮮《いい》ものを使い、またちょいとうまいものを食わしたというんで、たいへん繁昌《はや》ったもんです。この花村で思い出がありますが……。

橘家蔵之助　大阪に橘家蔵之助という、こりゃァあたくしの兄弟弟子ですが。あたくしが義太夫を語ってる時分にこの蔵之助という人が師匠の弟子になりまして、みんなで酒屋、酒屋といってましたが……酒屋ってのは酒屋かなにかに奉公していたんでしょう。噺をやって、そのあとで桃中軒雲右衛門というその当時から売り出しました、浪曲でございますが……浪花節と云った時代です。この人は、もうたいへんな宣伝をして、大きな劇場をあける、えらい人気があったもんで。その雲右衛門の真似をするんですが声も良く、なかなかその物真似がうまいんですよ。この蔵之助が前座で、ちょいとその楽屋でやったんで。「お、雲右衛門は上手《うま》いじゃないか。高座で演《や》ったって客はうけるから。ちょいと演ってみろよ」なんてンで……。「そうですか」なんてンで。

前座にあがって噺をして、そのあとで演りましたが、そうするとなるほど、上手いから客は前座でも、わァッと手を叩いてうけるというわけで。この人は長くはいなかった。たしか一年くらいいまして東京をとび出してしまった。それから旅から旅をすこし歩いたんですね。大阪へ行って、大阪でこの人がたいへん売れたわけです。

大阪というところは妙なところで、一つ噺がお客にはまるってェまして、つまり一席何か気に入るてェとお客がそれっぱかり注文をするわけで。

仮に、ま、『野ざらし』という噺がいいとすると高座《あが》るてェと、『野ざらし、野ざらし』ってェ声がかかる。もう他の噺《もの》は演らせない、その人は。それさえ演っていればお客様にはうける。たとえうまくってても他の噺をするてェと、「あァあかん」てな事を云ってな、蹴られてしまうので、何でも初めいっぺんお客にうけた噺《もの》を、一つの噺《はなし》をとっくり返し、ひっくり返しやってるわけで……。

ですからやはりそういう事はいけないんじゃないですかねえ。聞きたい人もあれば聞きたくない者もあるわけなんです。だから通がってあがるてェと声をかけて、「ああ、何々」なんという、自分が聞きたいから注文をするんでしょうが。芸人の方でもいい気ンなって毎晩毎晩それをやっていると他の客はもう飽きちゃって、聞きたくないってものでも声がかかって当人はいい間の振りをして喋っているが、中にはいやな顔をして、「あァ、またこれかい」なンてえのが……たいへん迷惑をするわけなんですが。

ところがまあ大阪ってところは妙なんですね、何でもかんでもそれでなければいけないという。『壁金』という噺を、蔵之助はお得意にしていたわけで。こりゃァつまらない噺なんですけれども、今あまり演る者がいないから、これも序《つい》でに申し上げておきますが……。

『壁金』　昔、飴を売って歩く者がありました。長ァい飴でね、ぶっきり飴ってンですか、白くって中に顔が書いてある。これでチャン切りという鳴物をば……チャチャン、チャン、チキチッチチッ、チャンチャン、という。鉦《かね》を叩きながら、「飴や、飴の中からお多さんと金太さんがとんで出たよ」って、チャチャン、チャンチキチッチ、チッという……鉦を叩きながら。子供が集ってきて、「飴をちょうだい。飴おくれ」……そうすると飴を切って売る。中にずうっと顔が出るわけなんですね、飴を切るてェと。お多さんてェのはお多福、それから金太さんは金太郎です。その顔が出てくるので、飴の中からお多さんと金太さんがとんで出たよっ、そいつを売ってる飴やがある。

　そこへ金太郎という、おそろしく酒癖の悪い奴が来て、

「この野郎待て。何だ、今云った事をもういっぺん云ってみろ。何だ、その飴の中から金太さんが出たって。俺ァ金太ってンだ。いつ飴ン中《なつ》から出た」

「いや、あなたが出たんじゃない。金太郎の顔がこの飴ン中から出るんで」

「それが気に入らねえ。何だ金太さんが飴ン中から出たって。俺ァ飴ン中なんてそんな甘ェもんは嫌いだ。酒の中から金太さんが出てきたと云え」

「それじゃァどうも飴やは商売になりませんで」

「何だこのやろう。ふざけた事を云いやがって」ってンで、今にも飴やを殴りそうになる。

　そこへ友達が通りかかって、「まあまあ、まあまあ」ってンで。

「飴やさん、勘弁してやっておくれ。こいつは酒癖が悪いんだから。さあさあ帰《けえ》ろう、帰ろう」てンで、友達が連れてかえって来る。

　それでおかみさんに、

「お前《め》ンとこの金太がまた酔っぱらって、表で飴やをつかまえて喧嘩をしているから連れてきたんだ。まあ少し、そこへ横になって寝てェろ」

「本当に兄哥《にい》さんにはいつもお世話になってすみません」

「いやァまあいい。こっちァ構わねえがなァ。表でもって飴やと喧嘩してるなんてェのはあまり見っとも良くねえから」

「困るんですよ。この人は酒を飲むと性質《たち》が悪くってね。でも酔いがさめますといい人なんですよ。自分でした事も丸っきり分らなかったし、云った事も夢中で云ったんだから本当にお前にも悪かった。すまないすまないと云ってね。あやまって親切にされますとね、私もまたやっぱりふらふらッとして……」

「おい。いい加減にしてくれよ、あとのふらふらなんぞを聞かされちゃ俺ァあわねえぜ」

「いいえ。いつもね私も考えているんですよ。こんな酒呑みの亭主を持って私は本当に厭ですよ。兄哥さんなんぞは酒を呑まないしねえ。本当に兄哥さんのような人のお内儀《かみ》さんになっていたらどんなにか幸せだろうと思うンですよ……」

てェと、酔っぱらって寝てェた金太がむくむくッと起き上って、

「やい、聞き捨てンならねえ事を云やァがった。さあどうも、こねェだっから少し様子が変だと思ったら手前《てめえ》何だな、家の嬶ァを舐めてやンだな」

「何をばかな事を云やァがる」

「ばかな事じゃねえ。今そう云ったじゃねえか。家の嬶ァが。お前さんのような酒を呑まない

人と夫婦になっていたらどんなに幸せだろうって。さあ、もう勘弁できねえ」台所から出刃庖丁を持って来て振り上げる。

さあ、さすがにおとなしいその兄貴てェのも怒って、出刃庖丁をひったくって、「いい加減にしろッ」てンで、ばァッと向うへ突きとばしたんで。酒に酔ってるからひょろひょろンとよろけてって壁へ、どすーんとぶつかると、長屋の壁だから薄いもんです。だァーッと壁を突き破って隣りの家へ転がり出す。と、針仕事をしていたお婆さんがびっくりした。「あらまあ。壁の中から金太さんがとんで出たよ」という。『壁金』というのはこういう噺です。

蔵之助がこれを演って大阪でたいへんに受けた。それから、雲右衛門の物真似をするんですから、鼻の下へこう、ひげなぞを生やしましてね。噺家でひげを生やしてるなんてェのは他にないから、こいつは変ったことで。目先も変って、それで雲右衛門の物真似をする。これがたいへんにうまいと云うんで俄然売り出しましてね。なかなかいい看板になった。時折りは東京に参ります。そしてやはり依然として、あたくしの師匠の弟子ですから橘家蔵之助。初めは内蔵之助と書いたが、立派すぎるってンで、それで上の内というのは取っちゃってただ蔵之助としたんですが。

桂小文治　この人が神田の、旅館へ泊っていたんで。あたしもそこへ会いに行きました。そうしたら、まああよく来てくれた、なんてンで話をして……。その時に初めて桂小文治という人がまだ米丸時代、桂米丸といってね、そして蔵之助と一緒に宿屋にいたわけで。それから三人で、めしを食いに行こうってンで、こりゃまあ、蔵之助がおごるわけなんで、何処へ行こう……花村へ行ってめしを食おうじゃねえかってンで、花村へ行きました。

その時にあたしはその小文治って人を初めて見た。何だか女みたいな、恐しくへなへなした人だなと思って見ていたが、何か誂えて食いものが来ると、その食うところを見てびっくりした。

こんなまあ女形みたいな人だから、おちょぼ口をあけて尋常にものを食うんだろうと思ったら……ぱくッとその、口をあけたが大きいことったら……。それで食うわ食うわ、痩せて小さいのにね、その大食いを見てさすがにあたしもびっくりした事がある。……花村じゃそういう思い出がありましたが。

伊勢本　それから伊勢本という席があったんですが、これは三越の前の横丁……前と云いましてもね、ライオンがありますね。本当の入口ってェとあそこなんでしょうねえ……ライオンが両側にいる、あそこが正門のわけなんで。あの隣りが三井信託になってますが、それを向う側へ入ったところ、今は日本橋倶楽部がありますね右ッ側《かわ》に……ちょうどあの少し先のところにもと伊勢本という席があった。こりゃァなかなかいい席で、明治時代もちろんたいへんお客が来て一流だった。ところがこれもだんだん明治も末になってくると、お客の入《はい》りは木原《きわら》ほどではないけれどもあまり良くなくなったわけで。

ここは四代目の圓生の初席だったといいます。初席といいますと元旦から十五日まで、十六日から三十日までという。これがつまり上席《かみせき》、下席《しもせき》といいましてね。今は十日ずつになりましたが、以前はそうだったんです。

この正月の上席というものは我々の仲間ではたいへん大事にするもので。一流の席ですとやはり、一流の噺家でなければそのトリは取れないというわけで。四代目圓生の持席だったんです。それからあたくしの師匠でございます橘家圓蔵。これは四代目でございます。

三遊派一門　圓蔵というものの初代は二代目圓生になっております。前名もいろいろ竹林亭虎生だとか、いろんな名前がありましたが橘家圓蔵、こりゃァ初代の圓蔵で、後に二代目圓生を襲名しました。この人の渾名《あだな》を、四ツ木《よつもく》の圓生といった、本名は尾形清次郎と云いますが。昔の何か、落語家の連名のあるものに、四ツ木の圓生と書いてあるが、なんの事か分らない。いろいろな物を調べましたら、この人は頭の真ン中が禿げて、俗に木魚頭といったので、それで住んでいる所が四谷なので、四谷に住む木魚頭で、四ツ木圓生と云ったんですが……。その二代目圓生の弟子に三遊亭圓朝という人ができましたのです。圓朝の弟子に三代目圓生、四代目圓生と二人の圓生がでたわけで。三代目はのゝしゝん圓生といいまして。この人は野本新兵衛という名前で、元は役者なんですが、ところが何かの事で、役者はよして噺家になりたいというので、桂文治六代目でございますがその弟子になったんですが、やはり思わしくないと云うんで、この文治のところをよして、それで圓朝の弟子になったので、三遊亭圓楽という名前になりました。

と、圓朝が両国の立花家と、それから先きほど申し上げた茅場町薬師の宮松亭と、二軒出なければならないわけで。ところがどうしても両国の方は出られなくなったんで。そこで誰か代りをと云ったところが、代りと云ったってなかなか、圓朝の代りはありませんので。仕方がないから圓楽をと云ったところが、圓楽ではどうもやはり当時の圓朝からして軽すぎて具合がわるいという。それではというので、急に三代目圓生という名前を圓朝がつけさして、自分が使っておりました道具噺、これらのものを全部三代目圓生にやりまして。芝居噺を教え、そしてこの芝居噺でトリをとらして圓生と改名をさせたというわけですが、やらせてみると噺はうまいし、もと役者ですから立ち廻りなぞもいいかたちをするし、なかなかどうも優れている。そこで圓生というものはたいへん売り出しまして人気もあった。ところがこの人は若死をいたしまして四十三で亡くなりました。

品川の師匠　それがために今度は、その次に前名三代目橘家圓喬であったものを、四代目圓生といたしました。その四代目圓生の弟子に橘家圓蔵というものができた。これがあたくしの師匠。

品川に住んでいるというんで、通称みんな品川の師匠といいまして。仲間だけではなくお客様の方でもみんな覚えてしまいまして、「品川の師匠、師匠」と云っておりましたが、若手で売り出してとにかく出世が早かったんですね。

明治二十年に噺家になった。圓生の弟子になったわけで。もう、その二十年頃にはのちに落語研究会で肩を並べて会員になりました四代目圓喬、圓右なんという、これらはもう真打になっていたのです。

師匠が話をしましたが、素人《しろうと》の時分に、「俺はよくビラをはったもんだよ」って、そう云ってました、圓喬や圓右に。

ビラをはったてえのは、あの模造紙という今でも使っております、西洋紙ですね。あれをいい加減に切って、赤くのしと端《はじ》へ書いて、金いくら、いくら……昔の事ですから大したことァない。金五十銭とか、金一円とか。もう五円、十円なんてェのは特別の人でなければそんな金は出さない。まあたいてい五十銭、一円ぐらいでしょう。その当時の一円でも五十銭でも相当な価値のあったものですが。

これを気に入った芸人があると、ビラをはると云いましてご祝儀をやる。そうすると景気にこれを書いて、ご贔屓《ひいき》より、また名前を書いてくれと云えば書きますけれどもたいていご贔屓より、ですね。それでビラをはったてンんで。ああ、この芸人はこれだけビラをはられるくらいだから人気がある人だな、なンと云ったもんです。あたくしの師匠はまだお客で、圓右、圓喬なんという人にはビラをはったという。

それが二十年に噺家になって、それからはじめは三遊亭さん生という名前。二ツ目になりましたのが、明治二十三年ですか、これが改名をして四代目橘家圓蔵となった。それから先きほど申しかけておしまいになりましたが、この初代の圓蔵が二代目の圓生になった。その二代目圓生の弟子に二代目圓蔵というものができましたが、これはあまり大して世の中へは出なかった噺家で。

三代目は圓楽（注・のしん圓生の次の圓楽）からのちに一朝となりましたが、あたくし共がおじさん、おじさんと云って噺を教《おせ》えてもらいました人で。これは圓朝がまだ売り出すまえです。そんなに偉くならない前から弟子になって。後の四代目圓生と、それからこのおじさんと云った一朝と二人、圓朝と三人枕を並べて寝たという。その時代からの弟子ですからまことに古い人です。

いい男圓蔵　この人がのちに真打になる時に三代目橘家圓蔵となりました。若い時には、いい男圓蔵という渾名が残っているほどで、まことにきりっとしたいい男でございました。

この人は所沢の名主の伜で、本名を倉片省吾といいまして。ところがいつかこの、名前が変っちゃったんですね。本名がですよ。芸名が変ったてェことは分ってるが、本名が変ったんで。当人も知らなかったそうですが、倉片省吾が戸籍謄本をとったらね、倉片圓蔵になっていたってンで。昔はそういう事が乱暴だったんですね。「どうしたんです」ってンで……あたくしがおじさんに聞いてみましたら、その当時自分が圓蔵だから油障子といいまして台所やなにか……あの油ッ紙……ああいうものをその普通の紙の上へまた張るわけで。その下に大きく橘家圓蔵と書いて。なるたけ人にその名前を覚えられるようにというんでしょうが、それで書いてあったわけです。

そこへ戸籍調べが来て……見ているうちに倉片と書いてあと省吾と書かないで、そそっかしいんですねその人が……。圓蔵と書いちゃったんでしょう。それで今度戸籍謄本を取ってみたらいつか圓蔵になってるので、当人がびっくりして区役所へ掛合いに行って、「違うから直してくれ」ったら、「もういったんそうなったものは直すわけにはいかない」ってンで……そんな不自由な話はねえってそう云ったけれども、役所のこったから向うじゃこらァもう駄目だってンで、「しょうがねえ。俺の名は本名が圓蔵になっちゃった」なんてンで話を聞きましたがね。

これが三代目圓蔵。で、この人が圓蔵から初代の小圓朝になった。圓朝という人はなかなか厳格な方で芸人には珍しいきちんとした方ですから、もちろん小圓朝になったんだから身をつつしんでちゃんと芸道に励まなくちゃいけない、なんて事を云われていたんでしょう。このおじさんて人も芝居噺を致しまして。あたしも教えてもらいましたが、立ち廻りなぞをさせると、実にどうもいい恰好《かっこう》をした。見てェても、こっちァ惚れ惚れとするような。「おじさんは踊りはよっぽど習ったんですか」ったら、「踊りなんざ俺ァ踊れねえ」とこういう。知らないんですね。だけどもおどりと、立ち廻りとは違うわけで。なまじっか踊りなんぞを知ってるとかえって形はよくない。こう変に形をつけようとするから。

ところがお手本もよかったんですね。圓朝という人は名人でそれを始終じっと見て、そのつけを打っていたわけです。つけ打ちは圓朝が演る時は、かならずこのおじさんなるものが打ったという。だから立ち廻りなぞはよく心得て、実にそれは、いい形をしました。

それで今云う通りいい男なんで。〝いい男圓蔵〟なんて渾名がついたってェぐらい。この人が小圓朝になった。ところがいい男だから女も惚れますけれども、当人も女性にはなかなか執着の深い人で。何とかしてもっと女に惚れられるように、粋なこう彫物《ほりもン》でも彫ったらよかろうなんてンで、彫物をすこし背中へ彫ったんです。これが師匠に知れたわけで。「とんでもない事だ。仮にも小圓朝という名前を継ぎながら彫物を彫るとは何事だ。以後その小圓朝をつけてはならん」といってね。とうとう名前を取り上げられちまったんで。ご勘気をこうむったてェわけです。

いやそれから……ま、いろいろおじさんが人をもってあやまり、やっとこさ詫びが叶ったようなものの、もう小圓朝はいかんという。そこで名前がない。どうしたらよかろうって事になる。それでは圓楽を許すから継げというわけで。前の圓楽は三代目圓生になっているくらいですから圓楽という名前はずうっと格があがっているわけで。それで小圓朝から圓楽を……。

晩年にはこの圓楽という名前を、今の林家正蔵さんですね、あの人にやって。こりゃァ子供のようにかわいがっておりましたから。圓楽を継がして自分は一つの朝、一朝という名になった。一朝てェ名は前からあるんですが、これはどうと云ってつけた名前じゃないんですね。もう自分は隠居なんだから何でも構わない。圓朝の弟子であるから、朝の字だけはつけたいという、そういうところで一つの朝とつけて一朝となった。

全身が舌　それでこの圓蔵という名前は空いていましたんで。そこでこのあたくしの師匠が圓蔵という名前を継いだ、もうその当時は二ツ目で圓蔵をつけたというぐらいですから、圓蔵という名前の価値もずうーッとさがっていたわけで。

ところがおいおいに人気も出てきて、あたくしの師匠というのは非常にこの警句を吐き、あたらしい噺なんですが……立て弁でしてね。いや立板に水を流すが如くというが、淀みなくさあーッと喋る。

芥川龍之介という方が何かに書いた中にありましたが、圓蔵は全身が舌だといって書いてある、面白い表現がある。残らず舌だという……そのぐらい能弁家で。絶句をして喋っていたんですが、絶句てェのはつまり言葉が詰っちゃって黙るから絶句なんで。ところがね、黙らない。べらべらべらべら喋りながら絶句をする。どういうわけだってェとこの鼻へ抜けましてね、言葉が何だか分らないことがある。何だか、うぁうぁふぁふぁ……と云うんで。と云う事は喋っちゃいるんですがね、これがつまり絶句をした時なんで。喋りながら絶句してるという何だか不思議な人があるもんですが。

それで申し上げたように二十年に噺家になり見習から前座、二ツ目でおいおいこれが圓蔵になってから売り出して、もう明治二十九年、三十年という時代には素晴らしい人気ンなった……。

そしてこの日本橋伊勢本で、あたくしの師匠が看板をあげたというわけですね。今はまあ看板になるってェときには、この師匠が推薦したり、報道陣から放送関係、両派の噺家もみな招んで豪華なる披露目を致しますが、昔はそんなことはしないわけで。披露目なんぞはしなくっても、その代り本当にうでがなきゃァなれない。こらァどうだろう、危ないもんだなんてンじゃァ席の方でも許さないし、お客様も聞かないわけで。だから例えば誰が何とも云わなくっても自然《ひとりで》に看板になる。もうあれじゃ看板にしなくちゃしようがないという……人気が出てきて。なるにはなったんですが、その当時のあたくしの師匠ってのはひどい貧乏だったらしいんで。

そこで魚河岸の今和という、本名今津和三郎と云いましたが、ここの旦那が糸織りという当時流行《はや》った着物で、着物羽織一対《つい》で圓蔵にこしらえてやったという事をば、あたくしも、のちにこの今和さんへは出入りをしておりましたから聞いた事がありますが。うちの師匠は生涯ここへ顔出しをしておりました。そう云ったようなわけでこの伊勢本というものはなかなか由緒のある席でございました。

申しあげたその圓遊という人がやはり看板をあげたのもこの伊勢本でございますが。圓遊がもうよほどの年齢《とし》ですな。もう三十五、六になってから、ここで本当に真打の披露目をしたという。明治元年のときに圓遊という人は二十《はたち》だってェますから。だから明治十五年ですか、看板をあげたんだからなるほど、もう三十五ぐらいになっているわけで。

にんべん　この伊勢本というのはやかましい席だったらしいんですが、今云ったようにあたくし共の行った時分にはもう大したこたァない。で、ちょうどその前ににんべんという鰹節屋さんがありましてね。このにんべんというお店は江戸時代からあり、鰹節問屋としてこりゃァ名を知らないものはないというくらい、たいへんなもんでした。

当時の小咄なんぞにありますが、「鰹節ってェ字はどう書いたっけなァ」「うーん。たしかにんべんだろう」という小咄があるぐらい。

浮世小路　それからもう一つ先き、本石町《ほんごくちょう》寄りの横丁を浮世小路とも、たべ物新道とも云う。昔は浮世茣蓙《ござ》を商ったというので浮世小路という名前がついた。

また一説には、その茣蓙屋のできる前に、いわゆるトルコ風呂みたいなもんでしょうね、湯《ゆ》女《な》というものがいたというんで、それでそういう名前が残ったともいいますが。そこに百川という懐石料理がありました。そこでこの浮世小路のことをばたべ物新道とも云ったんです。食傷新道というのは木原店の方で。ここはたべ物新道といって、やはり食いものやがどっさりあったんだそうですが。文政ごろには何か荒物屋が両側に多くあったといいますが、のちにこれが飲食店になったんでしょう。

百川　ここに百川という懐石料理がある。これはたいへんに当時の通人というものが賞美したという、天明ごろからの料理屋で。

向島の葛西太郎、それから大黒屋孫四郎、真崎の甲子屋《きのいねや》、深川の二軒茶屋と百川とこの五軒をあげて、当時第一流であるという。

嘉永六年に浦賀沖へ黒船というものが入りました。アメリカからペルリ提督が来て日本へ通商を迫った。ところが当時、どうも日本では通商をしたくない。いやァこれはしなければいけないものだ、やれどうしたとかこうしたとか云って、いっこうにその議論がまとまらないんですね。とやかく長びいてなかなかはかどらなかったが、ついには条約というものをば結び、アメリカとつき合うてェことになった。

その時に黒船の乗組員を全部、江戸のお城へ招待をして……今の宮城でございますね。その時にご馳走をしたんですが。二の膳つきという……。これは本膳でございまして。百川茂左衛門といって、つまり今申しあげた百川へこの料理の誂えがあって、当時の金で一千両といいますが、一千両……たいへんなもんです。

で、これをほかのお手伝いはなく、百川だけでその仕出しをしたという。だからよほど百川といううちは大きかったんですね。それだけの品物がきちんと揃ったというんですから大したもんです。だいたいそれだけの品物をそろえるということは容易な事ではありません。

八見橋　日本橋で思い出しましたが、日本橋のとなりに一石橋というのがある。この橋の由来という……南の方に呉服後藤というのがあり、それから北の方にお金後藤というこれは苗字でございます。この後藤（五斗）と後藤（五斗）が金を出して架けたから、これを一石橋という。

一名この橋のことをば八見橋《やつみばし》とも云ったという。この橋から見ると八つの橋が見える。日本橋に江戸橋、それから呉服橋に鍛冶橋、銭亀橋、道三橋、常磐橋、これだけの橋が見える。だから八見橋といっても七つしか見えないので、自分の橋を入れる、自分の橋というつまり一石橋を入れて、そして八つになるというわけで。

この『十徳』という噺も別に説明はいたしませんが、短かいが一席の落語です。

それで落語の『百川』というのは、四神剣《しじんけん》というお祭りで使う旗がある。正しくは四神旗というんですが、上へ剣がついているから通称これを四神剣といったのです。辞書をご覧になっても出ております。東を青龍、西を白虎、南が朱雀、北を玄武という。これは年番預けで、甲の町内で今年預る、来年は乙の町内、そのまた翌年は丙へ行くというようなわけで、ずうーッと年番預けになる。つまりこれが噺の骨子になっているわけで、百川へ若い者が集って魚河岸の連中が二階で飲んでいる。するとこの百川へ百兵衛という男が奉公に来て、女中がみんな髪をほどいて座敷へ出られないというところから、この百兵衛という奉公に来たばかりの男を二階へやるという事が間違いになりまして、ここで滑稽になるという。だいたい、ま、『百川』というのはそういう噺でございます。これは本当にあった事かどうか分りませんが、そんなような間違いが事実あったのかも知れませんが。

それから噺の中にでてくる常磐津の歌女文字《かめもじ》だとか、以前は医者の名を鴨地道鉄なンて云ってましたが、鴨地玄林というお医者様が本当にあったわけで。だからこれらはやはり実在人物としてこの噺の中へ加えたのかも知れません。

『人参かたり』 それで、もう一つ先きの本石町交差点の右角に、鰯屋という江戸時代有名な薬種問屋がありましたが、ここに『人参かたり』という噺がございます。これも今は演り手もありませんし知った者が少ないから申しあげておきますが、これはやはり『早桶屋』という

『付き馬』ともいう、馬をまく噺があるわけでそれと同じような筆法で。

この鰯屋へ人参という、昔はこの薬を買うために娘が身売りをするとか、やれどうというような事件がずいぶんあったものとみえますが、これは朝鮮のもので非常に高価《たか》い薬で、まァ今で云えば強壮剤です。衰えている病人に飲ませればことによると助かるというんで、昔はこの人参というものを非常に信頼していたらしい。

その人参をある医者の処から来たといって、有名な医者の名前を云って買いにくるわけです。そしてどっさりの人参を、持ってきてくれ、代金は大金のことでもあるから、家へ品物を持ってくれれば代金引き換えにして買い上げるからというので、この人参を店の者に持たして医者のところに行く。

「これが気に入るかどうか分らないが、とにかく先生に品物を見せますからあなたはこの応接室で待っててくれ」

というわけで。鰯屋の者を待たして人参を持って診察室へ入って行く。それで、

「実は先生にお願いがあって来たのは、これは元薬屋へ奉公さしておいたところが、ある事件で人参をたいへんな詐欺にあって取られましたが、それからどうも気がおかしくなって、人の顔を見ると『人参のお金を下さい』という。それでいちおう先生に診察をしていただいて、どういう治療法があるかないかお願いをしたい、というわけで」

「その病人はどうした」

「応接室に待たしてありますが、今こちらへ入れますから。とにかくいちおう本人が安心をするように、『その人参代は払ってやるから落ちつきなさい』といって当人を診察して頂きたいので」

と、医者にたのむわけで。

「ああ、よろしい」

そして、人参を持ってその応接室の方へ出て来て、

「今先生に話をしたところが、『よろしい。これは買い上げる』とおっしゃった。先生からお代は頂戴するように。この人参は薬局の方にまわしておくから。さ、こっちへ来ておくれ」

と、診察室へ入り、

「先生、この男でございます。どうか一つお願い致します。人参代の方はよろしゅうございますな」

と、こういう。先生の方は、

「ああ、ああ。分っておる」

「先生もああ仰有っているから。先生にお願いをしてあるから大丈夫だよ」

と云って応接室の人参を持って表へ出る。そしてこの男はいなくなってしまう。そのあとで

脈を見てやるとか、いうとこで……。

「私は何処も何ともないんですから。人参代をいただきたい」てンで。

「お前、それが病気なんだから。まあ落ちつかなければいけない」なんという。

ここで『付き馬』と同じような、お互いに何か話がとんちんかんになりまして、滑稽があるわけで。ただしこの『人参かたり』という噺には、サゲがありません。それでお終いになるというわけなんですが、この噺は今ほとんど演る人もありませんし、この鰯屋というのは有名なものですから申しあげておきました。このほかにも、日本橋に関係のある噺がまだまだたくさんございます。

日本橋の噺　馬喰町一丁目に刈豆屋吉左衛門という、旅籠《はたご》屋がある。これもやはり地図にちゃんと出ております。『御神酒徳利』という噺。刈豆屋吉左衛門という、これも実在した家なんです。それで『御神酒徳利』という落語ができたわけですが。

横山町という町名が、ずいぶん落語の方では使われております。横山町三丁目に山崎屋という鼈甲《べっこう》問屋がある。同じ横山町三丁目に境屋という生薬屋がある。これが『お若伊之助因果塚』という噺であります。

それから金吹町という、これももう今は町名はありませんが常盤橋の傍でございます。本町、ここがもと金吹町という。これが金田屋金左衛門という、質両替をするという店になっている。

これは『長崎の強飯《こわめし》』という噺ですが、これは今はあたくしだけしか演りませんがそういう噺があります。なお、他に日本橋で関係があるのは『湯屋番』なぞも、浜町の〝梅の湯〟という。それから『お藤松五郎』……これは柳橋でございますが、やはり両国というところに草加屋という家が出たり何かする。ここはやはり日本橋になるわけで。これらは地図がないとちょっと今では分りませんが。薬研堀のところでございますが、草加屋という料理屋があり、『お藤松五郎』という人情噺では、ここがどうしても出てまいります。

両国今昔　それから両国というものの説明を申しあげておきますが、今はあの本所の方だけが両国というものだとみんな思っている。あるいは今はそうなってるかも知れませんね。両国駅というものが本所の方にあるから。

そうではなく川のこっち側ですね。つまり浅草橋のところから両国橋へ行くその間、これを両国といったもんです。こっちの方が本当の両国てえのはおかしいが、本所は向う両国といったもんです。本所の方は東両国といいますね。それから橋手前の方を西両国と云うので。ちょうど両国橋の前のところ、そこを両国広小路といってここには見世物なんぞがずいぶんたくさん出ておりました。

それから並び茶屋、並び床なんという、橋からつまり右手ですね。橋の下流の方に並び茶屋。ここのとこにずっと水茶屋というのがありまして。もちろん若い女がいて今で云うと喫茶店。

その時代だから珈琲を飲むとか紅茶なんてのはありませんし、もちろん腰をかけてお茶を飲むというだけなんですが、葦簀《よしず》ッ張りでちょっと屋根がある。もっとも雨なんぞが降りますてェとその、完全なものじゃないから濡れてしまうし、雨になれば店はお休みというわけです。それに並び床というのがあって、これはまァここで髪を結《い》おうというわけですが、床店《とこみせ》でございます。

その時代の床屋さんてえものはみんな客は表を向いているんですね。今とは逆です。鏡というものがないから、自分が今どういう恰好《かっこう》に結われているんだか何だかこりゃ見定めるわけにいかない。それですっかり髪が結い上りますと「ええ、お待ちどうさま」とか「できました」とか云わずに、腰をかけている客のちょうど背中のところを、トン、とこの軽く叩くわけで。結いあがったという、これがしるしなんですね。口を利かないで、トンと背中の真ン中のところを軽く、打《ぶ》つ、というわけです。

一人の客が髪を結っていると、ちょうどその前のところを、夏の事ですから柳橋の芸者が通って透綾《すきや》といいましてね、肌がすうーッと透いてみえる着物、だから肌着を着ないでその着物を着ますと上からこう、なかが透いてみえる。こらァ紺とかあるいは黒をよく着たもので。もちろん昔の事だから腰巻はちゃんと締めていますが湯文字はとき色か何かで、その上へ紺の透綾の着物で下襦袢は着ていないから、お乳のあたりなぞもうっすり見えようという。年頃十八、九。肉付のいい実に何とも色っぽい女で、これを見ていた職人が、何かむらむらッと変な気ンなって思わず、前へのり出して女を見ていると、どうした事か客の背中をトーンと叩いた……。客が振り向いて、「お、早えなァ。もうできたのかい」

あやしい見世物　申しあげたようにこの両国の広小路のとこにはいろんな見世物が出ていましたが、向う両国とこちらとは同《おんな》しようなやはり盛り場になっているが、本所も橋のところにいろんな見世物がありました。

しかしだいたいにおいて、本所の方が何か盛ってはいるが下品なとこがある。見世物でも何でも因果物だとか、いかがわしいものでも何でも構わない。ところが西両国はやかましかった。というのは、将軍家がお成りになるかもしれないという。そんなとこに将軍様なんぞ来やしませんけれども、成るかもしれないという仮定で。あまりひどい見世物なんぞはやかましくって出すことを許さなかった。だから向う両国の方ですと金猫、銀猫なんという私娼がありましたが、こっちは柳橋に芸者がいるという。もちろん昔、柳橋の芸者といえば一流でございますから、いい芸者もあったわけですが。

東両国の見世物で、〝やれつけ、それつけ〟なんという見世物なぞはこらァもう、本所方《がた》の方《ほう》でないと許《ゆる》さなかった。この表から見ると……もちろん見えないんですが時々、御簾《みす》か幕がありまして、こいつをすうーっとあげるんですよ。するとちょうど花魁《おいらん》のようなかつらをかぶって、もちろんかつらですよ、本物じゃない。簪《かんざし》をさしてちょいとぴかぴか光るようなしかけのようなものを着てね、後姿を見せるわけなんです、頭から肩、背中のところをちょっと下まで……。またすぐにすうーッとしめてしまう。顔は見ないから若いか年を取っているか、良いか悪いか、そんな事は区別はつかないが。この口上を云ってる人がある、そばで囃している者が「コリャコリャコリャまたコリャ、天の岩戸をお開きなさるぞ、チッテ、チリチリ、そりゃ出たそりゃ出た、亀や鮒や、そりゃ出たそりゃ出た、やれつけ、それつけ。八文じゃ安いもんじゃ。上見て下見て八文じゃ安いもんじゃ」なんと云って、そしてこの幕をすうーっと下ろしてしまう……。何だか分らない……。

金を払って中へ入るとたんぽの槍のようなものがある。先のところは綿か何かの上を布をかけて結わえてある、突いても痛くないように。これでつまり婦人が陰部を出しているのを棒で突くんです……。突かれる時にその、腰をぱっと動かしてこれを避けようというわけで……。これがその〝やれつけ、それつけ〟という見世物なんで。あんまりいい人は入らない。

屋敷中間といいましてね。これを俗に折助と云ったんで。まことに無教育で乱暴で、何だかもうわけの分らない変な奴がこういう見世物のお得意のお客です。

その他にこの「やれ吹け、それ吹け」というものがあったという。それは火吹竹みたいなもんです。火吹竹といったって今の人には分らないがあたし達は知ってます。火吹竹というものはあの薪を燃してご飯を炊きます時には、どうしてもこの火吹竹というものがないと困る。火を吹きますね、口で吹いたってきかないから。云えば「尺八」みたいなもんなんです。これで、横に穴なんぞ開いてはいません。吹きますとあの竈の中の火がぽッぽッぽッぽッとあおられて燃え上るという、これをすなわち火吹竹と称する。なに、すなわちもすり鉢もないが……これで吹くんでございますね、やれ吹けというのは。だけどもたいていは吹けなかった人が多い。いかに何でも、まともにあれは吹いたり何かするものじゃないので……ただし笑ったら駄目なんです、失格なんです。「あなた、もう駄目だ」てンで。火吹竹を取り上げられちゃって「さァさァ、先《せん》さまお代りお代り」てンで。それで、「我と思わん者はお吹きなさい」てンで。火吹竹を持ってって、他の者がまた吹こうとしていざ正面を切るてェと、何かおかしくなっちゃって吹けないというので、これは〝やれ吹け、それ吹け〟という、変な見世物です。

火吹竹では有名な都々逸がありますね。

〽九尺二間に過ぎたるものは
　紅のついたる火吹竹

という。

こらァまァ、釜の下を吹く火吹竹の事を云ったんですが。九尺二間というと長屋のことですが、これはごく安い普請のもので今でいうとそうですね、畳六畳敷き、坪数でいうと三坪。これで一軒の家になっているのです。この六畳へ入口と台所が約一畳半ぐらい取られるわけで。だから正味畳が敷いてあって人間のいるところは……人間のいる所てェとおかしいが人が住める所は四畳半。そう云ったような家庭のことを九尺二間といった。

〽九尺二間に過ぎたるものは

　紅のついたる火吹竹

まだ新妻であり、年が若いから紅なぞもちょっとお化粧したときにつける。まことに色気のあるいい都々逸ですが。

粋人頼山陽　これは意外な人がこしらえているんですね。頼山陽という、あの漢文の先生がこしらえたという。昔はその漢学者や何かで、この人は物堅くって何にも分らないだろうと想像するがそうでなく、意外に人情の機微をついたようなそういう都々逸だとか何かをこしらえる。堅い反面に粋なことも知っていたというわけで。

高杉晋作という人が、やはり都々逸をこしらえて、

〽龍田川無理に渡れば紅葉が散るし

　渡らにゃ聞かれぬ鹿の声

という。

これはあのご維新の時、つまり敵地へのりこみ、紅葉が散るということは相手を斬って紅葉

を散らす、血が散乱するというわけで。そういう情景を都々逸にしたという事を聞きましたが。まことにどうもこれらは、非常に感慨深い唄でございます。

話が横道にそれましたが、『刀屋』という噺も、やはり村松町というところ。これもやはり日本橋村松町、刀屋がずっと並んでいたという。ここへ徳三郎という者が刀を買いに行くという場面《ところ》がある。それからその他にはまた『お藤松五郎』の噺がございます。『髪結新三《かみゆいしんざ》』人形町の近くには人情噺の『髪結新三』なんという噺も、この近辺の地名がずいぶん使ってあります。

だいたいこの『髪結新三』というのは、『大岡政談』という噺の一節なんでございます。長い噺で、初代柳枝という人の作だと云っておりますが。

だいたいこのいろんな噺の作者というものが、はっきりしたものもあれば、はっきりしないのもある。まあ落語の方なぞは、作者の分らないという方が大部分で。それは芝居やなんかの脚本と違いまして、上演料をとってどうこうというような、落語なんてものはそんな欲張った事を拵《こしら》える人も考えない。上演料なんざどうだって構わない、つまり自分がつくった噺を覚えてそいつを面白く聞かしてくれると、もうそれで満足をするというような、ごく欲のないことなんで、その作料を取ろう、どうこうなんという人はないわけでして、ですから従って落語の作者なんぞは分りません。それから長い人情噺と申しますが、これらもやはり分らないのがずいぶんあります。

今申した通り、初代柳枝の作だというが、その全部ではないが真ん中の『髪結新三』というものがあらわれました。その前後の面白いところ……この噺ではこゝンところが一ばんよくできておりますし面白いので、これはその部分だけは乾坤坊《けんこんぼう》良斎という人が作をしたというわけで。乾坤坊良斎というのはもと噺家もしたわけなんですが。初代の三笑亭可楽という、これは寛政九年と申します。初代の三遊亭圓生、それからこの三笑亭可楽、これらは寛政九年に噺家というものになったわけですが、まずこの噺家というものがいつごろからできたのかというと、天明六年でございますね、西暦で一七八六年。その頃に落語というものがそろそろ流行《はや》りはじめた。

もちろん、この中絶しておりましたものをば掘り出して世の中に出したというのは、立川焉《えん》馬《ば》という人でございまして。この人はもと大工さんなんですね。大工の棟梁をしていたのか、それとも棟梁の子供かそこんところははっきり致しませんが。この人は本所立川通りに住んでいたというので、立川焉馬といいます。

それから烏亭《うてい》焉馬とも云い、野美《のみ》（鑿《のみ》）釿言墨曲尺《ちようなごんすみかね》という狂名があり、本名は中村氏、泉屋和助という俗称でございますが。この人はまあ、いろいろ今でいう脚本ですね、そういうものも書いていた人です。もっとも中で有名なのが、『碁太平記白石噺』七段目新吉原揚屋という、宮城野、信夫《しのぶ》という姉妹が親の仇討をするという……あれを書いたのがもっとも有名でございます。これは焉馬の作だと申しますが。この人はたいへん長命でございまして、八十歳で卒したという。

この人が天明六年、はじめてこの落語の会というものを催しました。

最初の落語会　天明六年、四月二十一日に向島の武蔵屋権三郎という、当時一流の懐石料理で。ここではじめて落語の会というものをやりました。その時あつまりましたのが狂歌師連中が多かった。狂歌というものが隆盛でございまして。

四方赤良《よものあから》とか、朱楽菅江《あけらかんこう》、鹿都部真顔《しかつべのまがお》、大屋裏住《おおやのうらずみ》、つむり（頭）ひかる（光）、宿屋飯盛《やどやのめしもり》なんという。この中での親玉は四方山人《よもさんじん》という蜀山人、本名を大田覃、通称直次郎といいまして……この方が狂歌というものを盛んにいたしました。

そのときに回文を書いたのがこの蜀山人だそうで。「向島の武蔵屋に、昔話の会がごんざります」という、散らし文を書いたので。これは蜀山人の創文であるということを申しますが……。

こいつを受け取ったけれども、日が書いてないんですね。四月とは書いてあったけれども日がないので、幾日《いつ》なんだろう……みんなが首を傾《かし》げたがどこにも書いてないので。まさか書き落したわけじゃあるまいが、……中に昔ばなしの会が、と書いてある。この昔という字をのばすと二十一日になる。じゃあきっと二十一日にこの会を催すに違いなかろう。とりあえず、ま、行ってみようというわけで。それへ出向いてみると果たせるかな、みんなもうちゃんと用意をしてあったという。つまりこれは日を書かなくって、みんなに考えさして集合《あつめ》ようという。その時分はそんな呑気なことを考えていたんでしょうが。当日は烏亭焉馬が自作自演で落語をやりました。

狂歌噺　一同がたいへん面白いからじゃあ私も拵えよう、われもわれもと云うようなわけで、おいおいに落語の作者というものがふえてきまして。ためにこの狂歌噺というものがずいぶんありました。

まあ、あたくし共が小さい時には聞いた噺が今はもうほとんどそういう噺も出なくなり、演らなくなったものがずいぶんございます。それというのはつまり狂歌を詠み、本当に自分でやった人が噺をこしらえる。従ってその狂歌というものが入るというようなわけですが。

そこで寛政九年に初代の三遊亭圓生、初代の三笑亭可楽なんというようなものが出まして、これがおいおいに頭角をあらわしてきたというわけです。

だいたいにおいてこりゃァ道楽にやったもんです。当時の文人などが、一つの遊び半分に落語をやっていたものですが。三笑亭可楽……この人はだいたいが京屋又三郎という江戸馬喰町におりました櫛屋の職人でございます。ご婦人の頭へ插すあの櫛をこしらえる商売で。ところが喋るのがたいへん好きで、自分もやっていたがこいつをひとつ金をとって聞かせたいというわけで。

寄席そもそも　下谷に稲荷神社がありまして、柳の稲荷神社という孔雀長屋とも申しますが、ここで寄席と云ったって本式のものじゃないんでしょう。空店《あきだな》があってその大きいのを臨時に借り、これをまァすっかり掃除をして、高座がなくちゃいけませんから、これらは何か台を積み重ねたりなにかして拵えて、そして座料という今で云う入場料を取って聞かしたんですが。たいへん面白いと云うんで客も来ましたが、とにかく素人のことで三日くらい演ったらもう種がなくなっちゃった……。これじゃしようがないというんで一時その席をやめて、今度は田舎まわりをして、いろんな噺を稽古をするし、材料を仕入れたというわけで。それから帰って来まして、再びこの寄席というものを始めたわけです。

その当時からおいおいに噺家になるものがふえまして。もちろんそれだけで営業というものは、あたくしはできなかったと思います。だから何かしら、自分の本当の商売というものをもってその副業《かたわら》にやっていたという、まあ一つは道楽の稼業なんですね。自分の楽しみにやっていたわけでしょう。

三題噺　ところが可楽は、いろんなものを考えて三題噺というものを始めました。それは客から三つの題をもらうわけで。題というのは地名なり、人の名前なり、あるいは品物、何でも構わないので。

三つのなるべく異った題を、くっつきにくいだろうというようなものをですね、もらっておいてその三つを短時間のうちにその場で噺にまとめたと云う。これがたいへん人気になりましてお客が来るようになった。ところがどうも一人で演っていて、三題噺だけじゃいけない、やはり自分が持った噺がなくちゃ時間がもちませんので。自作自演でやっているとひとつに傾いてしまって面白くない。だからなるったけ違ったものをやりたいわけです。

そこで作者を頼む。乾坤坊《けんこんぼう》良斎という、芝居の脚本なぞも書くんですが、たいへん器用で作をさしてみるとうまいから、これへ頼んでは可楽が演っていたわけですが。

ところがどうも作料なんてえものはいくらもくれないわけで。それで可楽は客が来てたいへん儲ける。しまいに良斎がつまらなくなってきたんですね。「こんな割の悪いことはねえ。俺が骨を折ってこしらえたものを可楽がやって儲けて、俺は僅かな礼しきゃもらえない。それより自作自演で自分でやった方がいい。作料も払わなくていいし、その方が儲かるから」ってンで、自分が寄席へ出てやったんです。

為永春水の落語　ところがね、客が来ない。どうも一人じゃこりゃ具合が悪いというので、為永春水という人を語らって二人でやった。

為永春水という、こりゃァご案内の通り『梅暦』（正しくは『春色梅児誉美』）という、あのたいへん色っぽい本を書いてこの人は名をなしましたが、まだ売り出さない前で。

そこで二人でやったんだがどうも客が来ない。それからつくづくと考えてみると、作をするのと話術とはこりゃ別問題なんです。どんなに作がうまくできようとどうしようと、やはり喋るのが下手《まず》かったら客は来ない。そこへ気がついて、「どうも俺たちゃ、こりゃ演ってみたところでいけないからよそう」ってなことで。それからもとの作者の方へ戻っちまったというわけで。

初代菅良助　この人が初代の菅良助と云うんだろうと思いますね。落語家の系図というものがございますがね。これに二代目の菅良助というのはあるが、初代というものの名前が出ていないわけなんです。そんなばかな話ァない。二代目が出ていて初代がないわけはありません。初代はごく初めの間に、ちょいッとやっただけで、よしてしまったのでしょう。今度は乾坤坊良斎という名前で作者をしている。

この人は短編ものが非常にうまかった。ちょいっとしたものを書かせると実にどうもうまいな、というものが書ける。ところがこの人の拵えた脚本というものがない。何故かてェと長くなってくるといけないんです。何かまとまりがつかなくなっちまって、いわゆる龍頭蛇尾という奴で。いっこう要領を得なくなってしまうというわけで。それがために乾坤坊良斎の脚本というものがございません。

一説にはあの、『桃太郎』という噺がありますね。むかしむかし桃太郎……桃が流れてきてそれを割ったら中から子供が出て、これを桃太郎と名付けたという……あのお伽噺。あれは乾坤坊良斎の作だということを聞いたことがありますが。こりゃまァ、あたくしは真偽のほどはよく存じませんけれども。たいへんに短かいものをこしらえさせるとうまかった。それで『髪《かみ》結新三《ゆいしんざ》』という噺の所はこの人が書いたと申します。

白子屋『大岡政談』でございますが、あたくしもこの噺は演じますが、これは日本橋にずいぶんご縁がございまして、だいたい白子屋という店がありましたのが新材木町と申します。もっとも新材木町なんという町名は、よほど前からなくなったんでしょうが。おおよそどの辺にあったかと云うと、今では堀留町と云いますが、人形町の交差点、それから上野方面へ向って行くと、小伝馬町の交差点、これが大きい交差点ですね。その中間、昔は堀留町と云って電車が停りました。左へ曲る横丁がありまして、角が足利銀行。で、これを曲ってまっすぐ行きますと、ちょうど三越デパートの傍《わき》へ出るというわけで。古い地図を見れば多少はそりゃァずれがございますけれども、まあおおよそ今申しあげた足利銀行の、ちょっと手前になりゃァしないかと思うんですがね。

人形町の方から行って左へ曲る。これを稲荷新道《じんみち》と云いましてね。そして少し行ったところに右に曲る通りがあります。これを杉の森新道という。今でもありますが杉の森稲荷という。

その杉の森稲荷へ行く角にありましたのが白子屋という材木屋でございます。それから少し稲荷新道を行くと堀がございまして、そこに橋が架かってこれを和国橋と云います。人形町からまっすぐに江戸橋方面に向って行ったところに橋がある、これを親父橋という。この堀の名前を東堀留川というわけで。

親父橋から、それからこの和国橋、もう少し先へ行く……つまり本石町から浅草橋方面へ行く大通りがある。あの通りへ出るちょっと手前のところまで東堀留川がありまして、ここで止っておりますので、それで堀留町という名前がついたものです。ここに和国橋という橋が架かっている、これがのちに万世橋《よろずよ》という名前になったと云います。

ここに白子屋の店が申しあげたようにありましたが。角店で間口が十二間、奥行二十五間という、ちょうど三百坪ございます。ま、俗に土一升、金一升というくらいその繁華な江戸で、それだけの地所に立派な家屋を持っているという事は容易ではありません。地面を持ち、家屋も自分の物という、これを〝居つき地主〟といいました。つまり地面は借りてるわけじゃァない、自分のものなんですから。

人形町の通りからその東堀留川、その間をば新材木町と申しました。材木屋さんという商売は、やはり船がなければ昔としては不自由です。ためにこの東堀留川というものは、ずいぶん船が通ったんでしょう。だから材木屋さんなぞはここから品物を運び、また運んでくるという、この堀でたいへん調法したもんでしょう。

この橋の右の方を東万世河岸《ひがしよろずよがし》、左の方をたばこ河岸といった。そのとなりが葺屋《ふきや》町といいまして。芝居なぞでいたします、ご存じでしょうが『髪結新三』で弥太五郎源七という親分が住んでいたのは葺屋町河岸で、芝居では乗物町といっておりますが、町名が噺とは違っております。

黙阿弥の脚色　芝居でやりますが、本来は人情噺から髪結新三を芝居にとりましたものです。いつごろ芝居にするようになったかというと、明治六年でございます。これは河竹新七、のちの河竹黙阿弥翁が、五代目菊五郎にやらせたいというので書きました。その時の口演者は三代目麗々亭柳橋という人で、これは明治時代大看板でございました。

江戸が東京となりました時に、この人につまり落語頭取という、今でいう会長ですね、これを命ぜられたという。この時に一人ではなんだと云うので三遊亭圓朝、圓朝よりはずっと年は上でございますが、この柳橋と二人で当時の落語の取締りをしたというわけで。

のちに伜に名前をゆずりまして。自分は隠居名前になった。春錦亭柳桜《しゅんきんていりゅうおう》と……春の錦亭《にしきてい》、柳桜《やなぎさくら》という、たいへんどうもきれいな名で。これは、

見渡せばやなぎさくらをこきまぜて
　都ぞはるのにしきなりける

あの歌からとりましたもので。

書き下ろしの時が明治六年の六月。

五代目尾上菊五郎の髪結新三、大岡越前守の二役。弥太五郎源七、家主長兵衛、この二役を三代目中村仲蔵。娘お熊を岩井半四郎、勝奴を尾上梅五郎という。

この梅五郎というのはのちに尾上松助になりまして。あたくし共も知っておりますが、あの『源氏店《げんじだな》』の蝙蝠安ですな。『与話情浮名横櫛《よわなさけうきなのよこぐし》』……十五代目羽左衛門の与三郎、それから先代の尾上梅幸のお富、蝙蝠安はこりゃどうしてもこの松助でなければいけないという。若い人が演りますと何かどうもあの時分にぴたッと来ないようで。

そんなことはないわけで……だいたいの筋から云えば蝙蝠安がそんなに年寄りのわけはない。けれども松助さんのを終始見ていると、やっぱりそれでないてェと何かうつりが悪いようで。さすが名優といわれた六代目尾上菊五郎丈がやりましたがやはり松助ほどにはいかないという。こりゃもう、その芸で植えつけられてしまったから、その映像《イメージ》を何かこわされるようで他の者《もン》じゃいけなかったのです。

この三代目中村仲蔵という人はたいへんうまかった。家主長兵衛なぞは無類だったといいますね。それを梅五郎時代に見てちゃんと覚えていたので、晩年に松助になりましてからこの六代目菊五郎丈の『髪結新三』ンときは、どうしてもこの長兵衛は松助でなければ具合がわるい。

やはりなかなかないんですね……ああいう役をやるのはむずかしいもんでございますからねえ。

白子屋事件　芝居の方とこの人情噺の方とは大分違ったところもございます。だいたい云えばこれは大岡政談というんですから、時代にとりまして享保ですね、その時代でなければいけないわけなんですが。

　この白子屋事件は古くは、『恋娘昔八丈』、お駒才三城木屋《こまさいざしろきや》という浄瑠璃になっておりますが、実説はお駒ではなく、お熊でございます。それに白子屋が城木屋と変えてあるわけですが、芝居に書き下ろした時の題名は『梅雨小袖昔八丈《つゆこそでむかしはちじょう》』というのですが、その他にも、『二度曠着《にどのはれぎ》昔八丈《むかしはちじょう》』『曠小袖往昔八丈《はれこそでむかしはちじょう》』『昔縞織本場八丈《むかしおりほんばはちじょう》』と、題名はいろいろあるが、中身は別に違いませんので、つまりその時期とか、いろんな事情で題名を変えたというだけのことですが、ただし全部に昔八丈という事に書いてあるのは、お熊という女が亭主を毒殺しようとしたが、未然に発覚いたしまして……今で云う未遂事件で終ったが、お熊は召し捕られまして、江戸市中引き廻しのうえ、鈴ケ森で獄門になりました。そのときに、上に黄八丈を着て、下は白無垢を二つ、唐草模様板締染《からくさもよういたじめ》大型の帯を締め、首に水晶の数珠をかけ、本縄にかかり、頭髪《あたま》は島田髷で、薄化粧をして引き廻しになったので、その当時江戸の女は忌わしいというので、黄八丈を着るものがなかったという。

　川柳に、

反物にお熊一反けちをつけ

白子屋の店は潰れましたが、その後へ餅屋が店を出しました、〝和国餅〟という、これも川柳にございます。

白子屋のあと餅屋とは思いつき

これは狂句でございますが……。

昔は親殺し、主人《しゅう》殺し、亭主殺し、この三つは非常な大罪であるとして、重く罰せられたのですが……現在なら未遂に終ったんだから、別に何事もなく……お熊は再婚でもしてねえ、噺や、芝居の種にもならなかったでしょうが。

大体が白子屋庄三郎は、二代目紀伊国屋文左衛門という人の番頭をしていた。

初代の紀伊国屋文左衛門は申し上げるまでもなく紀州和歌山の人で。五十嵐文左衛門という方でこの人が江戸へみかんを持ってきて売ったという。紀州から当時は、江戸で食べるみかんというものは大半は来たんでしょうが。

その年はどうしても船が出ない。どうして出ないのかてェと時化《あれ》続きで。船を出せば転覆をしてしまいますから。だからとても江戸へは行かれないというわけで。だがどうしてもみかんがなくちゃならないわけは、十一月の八日に鞴《ふいご》祭りというものを江戸でいたします。

昔は鞴というものを使います、銅、鉄、金銀、細工物……ま、ああいう仕事をするにはこの鞴というものを使います。つまりふッふッふッふッと、あの中へ空気を入れまして、火力を強くして、金や何かを溶かす。そういうご商売はずいぶんあった。

鞴をつかうところでは、十一月八日の鞴祭りというのはやらなくちゃならない。それにはみかんを供える。今の豆まきのように、近所の子供や何かに、供えたみかんをまいてやるという事が江戸行事の一つになっている。これはどんなに高くなろうとも、鞴の前には供えるものになっていたんです。

ところがみかん船を出す者もなし、江戸にはまるっきりみかんがないわけで。さあ水菓子屋じゃもうたいへんですな。「どうしたんだ、どうしたんだ」てンで。毎日品川沖までみかん船が来ないかてンで……遠眼鏡で沖をにらんでいたという。もっともみかんが出ないから沖をにらんでいた、筍《たけのこ》が出なかったらやぶをにらむでしょうけれども。

するとそこへみかん船が来た。これは五十嵐文左衛門という人がみかんを持って来たんです。紀州の方にはみかんがどっさりあったんですが、その年は買手がない。今云う通り海が荒れているから、買って持ってくわけにいかない。だからみすみすこしらえたものが腐っちまう。値段はどんどんさがるばかりで。これをその、安いのをまた値切って、只同様のお値段でみかんをうんと仕入れた。

船がなきゃならない。明神丸という、こらァまァ老朽船で大分もういたんでいるが、これは船大工を入れましてすっかり釘じめというものをして。まァま、どうやらこうやらこれで用《もち》いになるというわけで。

今度は船頭を雇わなくちゃならない。ところがまともな奴は行きませんよ。とにかく十に九つ、もっと危ない。九分九厘まで命はない。生きて帰れるか保証の限りでないという。それじゃなかなか船へ乗ろうというものがないわけで。

ところが博奕か何かに負けてどうにもこうにもならないというような、そういう腕はあるが人間のやくざな、欲の深いしようのない奴がごろごろしていた。こういうのをみんな集めてきたが……だけども誰だって命の惜しくない奴てェ者はないから、向うも躊躇しましたが、まあまあ結局金をやり、そしてもしもこの仕事が成功した暁《あかつき》には莫大な金をお前達にはやるから、まあ一つこの船を出してくれというわけで。

その代り船の名前を取り替えて行くというので。どんな名をつけたのかてェと、〝幽霊丸〟ってンですがね……どうもいやな名前じゃありませんか。名前が〝幽霊丸〟。そしてみんな経《きよう》帷子《かたびら》を着て、昔は死人の額のところに三角の紙をはったもんで、こいつを皆にくっつけさして、もう生きていながら仏様の姿になって、それで南風を乗っ切ってどんどん江戸へやって来た。

問屋が心配をしているところへ乗り込んできたから、さァ大喜びで。

「みかん船がきた。みかん船が来た」

といううわけで。文左衛門が上ってきて、さて取引という事になって値を聞いてみるてェと、いやどうも目の玉のとび出るほど高い。さすがに問屋連中もびっくりした。

「そんな高い値段じゃとても買えない」てェと、

「そりゃァ仕方がない。それじゃ他にみかんがありますか。持って来る者ァない。私たちァね、ただ儲けようなんてえ料簡《りようけん》できたんじゃァない。あなた方のために命を捨ててこうして持ってきたんだ。それを安いの高いのはないだろう。お買いなさい。買えないのかい……高くって。なんだ、江戸っ子だの蜂の頭だのと云ったところで、何てェ意気地のない人間だ。そんなンならこっちの方で売らねえや。こんな高えみかんなんざ買っちゃ食えねえンだろう。はばかりながらこっちァ紀州っ子だ」

って、たんかを切った。紀州っ子……って、少し云いにくい。江戸っ子が啖呵を切られてまごまごした。

「もうこのみかんは海に捨ててっちまおう」って勢いだ。

海へ捨てたみかんが、くさってそれがために汚染されてもおいらの責任《せえ》じゃァないよ、お前たちのせいだ……みかん、か、か、か、みかんから出たさ、さびとあきらめろっ、……少し苦しい洒落だが。問屋連中もあわてましてね。

「そ、それじゃ買おう」って事ンなる。

向うの云い値通りに莫大な値段で買った。

これで紀伊国屋というものはまずたいへんな身代をこしらえた。その上に今度は番頭を雇いましてね。番頭の名前は林長五郎、これがまた大した頭脳《あたま》の人で。この男は天文もみるし、算術にかけては非常にあたまの鋭い人で。

どうか生涯に百万両の身代をこしらえたいと思う。その時分にはまだ二十万両あるかないかというんですが。二十万両といったってその当時としてはたいへんなもんですが。これから百万両の身代をこしらえようという。江戸に振袖火事というたいへんな大火事があった。これを一年も前に、この番頭長五郎が見越していた。そこで材木というものがこれは必要になる。それだから今のうちにこれを全部買い占めようというので、これから山へ行って手金をどんどん渡して、この材木を全部押さえちまった。

するとはたせるかな、大火があって江戸中ほとんどが焼け尽し……さ、いよいよ家を建てなくちゃならない。それには材木が要りますから行ってみるてェと、紀伊国屋文左衛門が全部押さえちまったんで、どうする事も出来ない。そこでこれもまたおそろしく高い値段でこの材木を売ったというわけで。

いま、そういうことで紀伊国屋というものは生涯に百万両という身代を築きあげたという。いったいまあ……どのぐらいな価値になるんですか、あたくし共にはそんな難しい計算なんぞとても出来やしませんが、まァ何兆というほどの金なんでしょうね、その時代の百万両というのは。

しかしあくどい儲け方で。百万両儲けたには儲けたが、その二代目の紀伊国屋文左衛門という人がこの金を全部使っちまったという。まことにどうも威勢のいい人で……。お父っつぁんは金をこしらえるんで骨を折ったが、伜の方は使うのでずいぶん苦労をしたといいますからね。世の中にはこれでいろいろ人間の頭の痛め方も違うもんですが。

しかし使ったといったって百万両ですから何かが残っていやァしないかてンで、いろいろ調べた人がある。一つ残ったものがあった……。何だってェとあの、初めて品川の沖へ船が乗り込んできた時の唄がある。

〽沖の暗いのに白帆が見える
あれは紀の国 みかん船
ヤレコノコレハノサ

という……ね。たいへんどうも騒々《そうぞ》しい唄を残したもんで……これが百万両のカタで。どうもすこし少ないってンで、こないだ苦情を云った方があるがね。今さらあなた、怒ったってどうにもしようがない。

これで二代目というものはまた大した風流人であり、美術を愛し、粋なこと……当時の文人だとか彫刻家、いろいろなものを愛して吉原へ毎晩のように遊びにいく。大門《おおもん》を三度《みたび》とか四度《よたび》閉めたといいますからね。大門なんぞを閉めなくったっていいんですよ。自分の家の表でも閉めて寝ちまったらよかったんだけども、大門を閉めたためにとうとう身代がなくなったという。しかし、ま、紀文大尽として今までにいろんな逸話が残ってはおりますけれども。それにはまた相当な、えらいものがくっついたわけですな。

二朱判吉兵衛なんてェ幇間がいて……。

あるとき初鰹を食いたいと云ったんで。

「よろしゅうございます」

ってンで、魚河岸《かし》へ行って初鰹を。みんないるところへ……すッと出したんですが、これがはなはだお少ないんですね。食べたところがどうも美味《うま》い。

「もっと初鰹がないのか」と云ったら、

「もうございません」

だけども持ってった金はたいへんにある。それでこれだけの初鰹《かつお》ってェのは少なすぎる。

「おまえ、何か……鰹はないのか」って聞いたら、

「普通の鰹ならば俥に二はいでも三ばいでもある」ってンで……。

「だが初鰹てェものはこれだけでございます」

つまり初という名前がついて、本当に美味《うま》いなってェところ、こりゃ沢山《たんと》じゃいけません。荷車に一台も初鰹なんてェのはありっこないわけなんで。だから普通の鰹の刺身ならいくらでもございます、と云ってみせたといいますが。

そういう粋な奴がお供に付いている。英《はなぶさ》一蝶だとか、横谷宗珉《よこやそうみん》とか、あるいは発句の宝井其角ですとか……そういう人をみんな愛したという。

この庄三郎という者が番頭をしていたんですが。何しろ番頭をしていりゃァあなた、内実のことは分りますから大分紀伊国屋の家も傾いてきた、もうこの辺が見切り時だと思ったので。

「ええ……旦那様に折入ってお話がございます。私もおいおいに年を取って参りました……長く御奉公を致していたいのでございますが、また自分としても何か商売をしてみたいと常日頃から思っておりましたところで。まことに勝手ながらお暇をちょうだいをして、生涯の思い出に自分でやってみたいと思います」

云われた時に文左衛門が、

「ああ、それは悪いことをした。自分にかまけてお前さんのことを考えなかった。どうかまあ勘弁しておくれ。お前が商売をするというんなら、昔ならばもっと何かをしてあげられたのだがなかなか十分な事はしてあげられないが、まあこれで勘弁しておくれ」

と云って、庄三郎にやった金が千両あったという。千両分限といって、長者番付へそれだけの金があれば名前がのるという時代です。やはり腐っても鯛という事を云いますが、さすがに紀伊国屋文左衛門はえらいもので……庄三郎も喜んだ。

「かように大金を頂いてまことに有難うございます。ついては、本来ならば紀伊国屋何々と名乗らして頂くところですが、私は勢州白子から出ましたもので。お宅様は紀州からお出ましになりましたので紀伊国屋という屋号、私は白子屋という屋号で商いをしてみたいと思いますが如何なものでございましょうか」

と相談をする。腹の大きな文左衛門ですから、

「ああいいよ、いいよ。私はそんな事はどうでも構わない。お前さんの気に入ったようにおしなさいよ」

というわけで。何ごとも願い通りになったというわけで。

庄三郎てェ奴が前々からもうちゃァんと、筆の先を、チョイ、チョイ、とうまくやりまして紀伊国屋から大分金もごまかしてある。そこへこの千両という金が入ってきた。そこで新材木町に間口十二間、奥行二十五間という家を買い込む。

これから商売を始めたところが、何しろ機敏な奴で商売にかけては目から鼻へ抜けるような

者。自分の主人の顧客《とくい》だったのをもぎ取るようにこいつを引っぱり込んで、どんどん商売をした。たちまちのうちにえらい金を儲ける。家をすっかり新築をいたしまして、その上に蔵をこしらえる。

昔はあの蔵を建てるということはたいへんなことで。「あすこの家もえらいもんだねえ。蔵を建てるようになったよ」なんてェなことを、あたくしの子供時分にもまだ聞いたことがありましたが……。なるほど、蔵というものは安く建てられるもんじゃァない。そのぐらいだからよほどに儲かったんでしょう。

ところが御本家の紀伊国屋の方は、どんどん微禄する一方というのでついに破産状態というわけで。全部……何もかもなくなりました。夫婦二人っきりで深川の一の鳥居という、今の黒江町のところですね、ここに世帯を持つようになる。

何しろそんな大家の旦那なんですが、お内儀《かみ》さんというのは吉原の花魁でございます。好き合って女房にしたというわけで。

ところがどうも、正月が来るというんだから何とか支度をしなきゃならない。やっとのことで十両の金をこしらえ、これを持って買物に行きます。正月の支度をするようあたしが買ってくるから、というので雨降りあげくで道の悪いところを歩いて永代橋の方へきたんですが途中までくると、年はとっているし、「あッ」てェと、往来へぶっ倒れて泥だらけになった。

するとこれがちょうど床屋の前でございまして、見ていた床屋の親方がおどろいて、飛び出してくるてェと手をもって引き起し、「ま、旦那。こちらへいらっしゃいまし」という。家内のものが総がかりで水を持ってきて、すっかり汚れたものを洗ってくれたり、いろいろ介抱《かいほう》もしてくれるというわけで。紀伊国屋文左衛門も大いに恐縮をして、

「いやァどうも、見ず知らずの者をば、かようにお世話を願って申し訳がない」という。

「いや。決して見ず知らずの者ではございません。実は私はもとお宅様の方へ出入りをさして頂いておりました廻り髪結でございます。旦那様にはお目にかかった事はございませんが、お宅のおかげで私も商売をさしていただいた事がございます。それから金を貯めて今ではこうしてどうやらこうやら一軒家を持つようになりました。もとのご主人でございますので介抱ぐらい致すのは当り前でございます」

文左衛門もたいへん喜んだ。

「ああ、僅かな恩をおぼえてあなたがそうして親切にして下すった。まことにどうもかたじけないことで。こりゃほんの少ないがこれで何か買っておくれ」

ってンで、十両の金を出したんで。向うもびっくりして、

「こんなご心配を」てェと、

「まあまあ。いいんだからお取ンなさい」

祝儀としてお礼に十両やった。

で、表へ出て買物に行こうと思ったが、金はない……今やっちまったんですから。行ったところでしょうがないから、じゃ、ま、帰ろうというわけでご自分の家へ帰ってきた。

「おや、お帰ンなさいまし。どうなさいました」

「いや。実はこれこれこういうわけ。ころんでな、あァ膝を打《ぶ》ちましたがまァいい按配《あんばい》に怪我はしなかったが。前の床屋の親方がまあ親切にしてくれて。もと家へ出入りをしてェた床屋だというが、泥のついたものも洗ってくれて親切に……。まことに嬉しいと思ったんで十両そこへ礼にやっちまった。買物に行こうと思って考えたがもう金がないン。行ったところで仕方がないから家へ帰ってきましたよ」

まァ、普通のお内儀さんなら黙っちゃいない。

「まァお前さんと来た日にゃ呆れ返ったわねえ。何もそんなにやることァないじゃないか。買物の銭までやっちまってお前さんぐらい薄っとぼけた人間はないよ。間抜けやろう」なンか云うんですが、さすがに文左衛門のお内儀さんだけあってにっこり笑った。

「あらまあ、それはよい事をなさいました。もう仕度はよろしいではございませんか。辛抱いたしましょう」

「うーん、まあまあ買えないものは仕方がない。おまえも我慢しておくれ。お腹が空いたからご膳を食べたいな。何かお汁《つゆ》をこしらえておくれ。お汁でご飯を食べようじゃないか」

「実がございません」

「そうかい」

火鉢の引き出しをあけると三文ありましたので、

「これであたしがね、菜でも買ってくるから」

文左衛門が出かけて、三文の菜を買ってきて、お内儀さんがおつゆの拵えをした。三文の菜を入れて二人《ふたアり》、おとり膳でご飯をたべて、

「ああ、貧乏もまた風流なもんだねえ」

と云って、夫婦がわらったという。筆を取りましてすらすらと書いたのが、
三文が味噌三文が菜で年の暮
という、これが十二月でございまして。

その翌年、二月になってこの文左衛門が死んだわけで。突然死なれたからさァ困った。何しろ金はなし、どうしたらよかろうというんでお内儀さんも思案にくれたが、そういえば今は庄三郎はたいへんに商売も繁昌をしているというから、これへ行って話をしたら何とかしてくれるだろうから、というので、すぐに白子屋へ行きまして、

「実は今、旦那様が亡くなったばかり。庄三郎殿にいろいろご相談も申し上げたいから、よろ

しくひとつ取次をしていただきたい」という。

初めに挨拶にでましたのがお常という庄三郎の女房。「ちょっとお待ち下さいますように」というので、奥へ引っこんだが二度目に出てきて、

「宅ではちょっと今、病気で休んでおりましてお目にかかる事ができませんのはまことに残念でございますが、これはもう心ばかりでございますが、どうぞお線香でもおあげ下さいますように」

というので、出したのが三分の金。一両の四分の三、七十五銭ですね。何ぼなんでも紀伊国屋文左衛門が死んで……自分の主人ですからそれに三分の金というのはすこぅし少なすぎる。

さすがに妻女も顔色をかえて、庄三郎という奴は実にひどい奴だなと思い、ぼろッと涙をこぼし、ものをも云わずそのままつうーッと立って帰ってきました。

その当時、島屋という……これァ紀伊国屋文左衛門とはまあそれほど親交があるというわけではありませんが、やはりお友達で一緒に遊んだこともあり、なかなかの通人でございますが。文左衛門が死んだということを聞いたんでおくやみに来たわけで。そこへお内儀さんが帰ってきて実はこれこれでございますと話をすると、

「あァどうもお気の毒でございます。それじゃ万端あたくしにお任せなさいまし。あなたは決して心配なさるな」

この島屋という人が一手にひきうけて、昔の文左衛門でも恥ずかしくないというほど、深川の霊岸寺で弔いをねんごろにいたしました。当時、贔屓にいたしました芸人、相撲、すべての文人なぞもすっかり招んでご馳走をする。のちに気の毒だというので、このお内儀さんも引き取って生涯世話《めんどう》を看てやったという……なかなか義侠心のある人でございます。

ところが庄三郎の方は病気と云ったのはもちろん仮病だったんですが、これが前表《ぜんぴょう》といいましょうか、中気という病いにかかったんで。半身不随というので。さ、主人が寝てしまえば今までのように商売はどんどんはかどらず、奉公人任せじゃうまく行きません。

弱り目に祟り目というか、蔵を破って泥棒が入って、五百両という現金が盗まれた。今のような銀行なんてえものはありませんからね。金はみんな自分の家にある。さすがの白子屋も少しこう傾いてきた。このままにしていればいよいよ商売も行き詰る。何とか対策をこうじなきゃいけないってことになる。

と、このお常というのは深川の元芸者だったが庄三郎と早くから関係があった。それでそっと身請けをして他所《ほか》へおいといたんでしょうが、これを正式に自分のお内儀さんにした。子供が二人ありまして総領が女の子でお熊という名前をつけた。

今の人が考えると変ですね。女の名前にお熊だとか、おとらなんという……今そういう名前をつけませんねえ。非常にむずかしい漢字を使った名をつけるようになったが、昔はいくらもそういう名前があった。何故おとらだとか、お熊なんという名前があるのかってェと、こらァその子供が丈夫に育つようにというごく単純な願いなんですね。熊の子のようにむくむくと太ってそうして丈夫な子になれ、とらのようにどうか患わないで達者に育つようになれというようなそんなことで、そういう名をつけたんでしょう。

お熊に弟がひとりございます。これを庄之助という。

ところがこの庄之助という倅がどうにもしようがない。箸にも棒にもかからないというからまるで煮すぎたうどんみたいなものでね。まだ年齢《とし》の若いうちから酒を飲むことをおぼえ、博奕は打つ、その上女遊びはもちろんするし……。放浪性がありまして、ひとつ所にいるのがきらいな性質《たち》で、店の金を引っさらっちゃァぶらりと家をとび出し、あっちこっち金のある間遊んで歩いて、いよいよなくなれば往来でも何でも構わず寝ようというんで。人間、あの往来へかまわず寝込むようになっちゃもう出世はできませんねえ。こういう事が二度や三度じゃないので、親の方もさすがに呆れ返って勘当ということにした。

ところが昔からよく勘当、勘当ってますがね、本当の勘当ってえものはそんなにないんです。こらしめのために出入りを止めるというのがまァ大半なんで。久離を切るって事をいいますがね。きゅうりを切ろうが茄子を切ろうが本当の勘当になると人別帳といって、今の戸籍謄本から名まえを削除してしまう。すると江戸無宿なになに……無宿者ってましてね。こいつはもう何をしようが、人殺しをしようがどんな事をしようと親の方へは関係がない。

けれどもそうなるまでには、なかなか周囲《はた》でしないわけで。親が勘当するといっても町内にはその当時の役員ですね、五人組なんてェのがいるし、また家主はある。それから名主というものがいまして、まずこれらが調停にたつわけで。

「まあまあ、そう云っても親子だから勘当するということはこらァもう容易ならない。いっぺん勘当すれば、また元の通りにというわけにはいかないわけなんだ。だからもう一度考え直して、当人にもよく意見をするから」

なんというようなことで、間へ入った人が斡旋をして何のかンのといっては納める。また何かの事で勘当をするてェと、

「まあまあ」

というようなことで、なかなか本式には勘当というものはそうはなかったものです。だからまあこれもこらしめのためでしょうが、とにかく出入りはとめられております。

さァあと頼りにするのはこの娘のお態でございますが、これはたいへん器量がいい。評判娘でございまして、それに派手好きで、なりの拵えも普通の娘よりも以上にこの派手やかで、芝居の替り目替り目にかならず行く。遊芸も好きであのお師匠《つしよ》さんだ、このお師匠さんだてンで自分の家へ呼んで三味線の音が始終しているという。おッ母さんがだいたい花柳界の人ですか

ら、堅気の家としては少ゥし贅沢すぎるわけで。とにかく白子屋もこの娘を頼るよりどうにもしようがない。

そこでその時分加賀屋長兵衛という、こりゃァ江戸で指折りの大家《たいけ》の主人《あるじ》でございます。この加賀長と白子屋の庄三郎とは懇意だったので見舞いに来たときに、庄三郎がろれつのまわらない口で、

「あたくしももうこんな体になりまして。何しろ泥棒にはいられてどうにもしようがない。娘に養子をとりたいと思いますが……器量はよろしゅうございます。先方様がどんな器量でも、年はいくつンなってもよろしい。その代り持参金がうんとあるというような、それで婿にきたい者がありましたらばどうか一つお世話を願いたい。おねがい致します」

というので、この加賀長へたのんだわけです。そこで何処かに適当な者はいないかと心掛けてみると、その当時日本橋大伝馬町に桑名屋弥惣右衛門という大家《たいけ》がありまして、ここの番頭の又四郎という……。この人は小僧奉公から仕上げてもう年は四十を越しておりますが、未だにこの店へ居座っておりまして、もちろん支配人、大番頭というわけで。商売の鬼みたいな人で、もうなりふり構わず稼業の方へせっせと精を出していようという。三百七、八十両の金を主人に預けてあるというまじめなお人で。

これへ加賀長が目をつけてどうかしらんというので、当人にちょっとこの話をしてみるとこ

りゃァ喜んだ。何しろ白子屋の店というものは大きな立派なもので、その娘のお熊というのを一度や二度は見たことはあるでしょうが評判娘でめっぽう器量がいい。ぜひ、あすこならば行きたいというので大乗気でご主人に話をする。

桑名屋弥惣右衛門も、「お前がそういうんならば養子に行ったらよかろう」という事になり、間に入った人にいろいろ話をしてみると、五百両という持参金があるならば婿にとろうということで。ところが今まで持っている金ではたりません。主人にこの事を云うと、「ああいい。お前さんも家のためにはずいぶんなってくれたんだから。そのくらいなものは私が足してあげるから」というわけで。

主人の方から預った金へたしまして五百両を持参金として白子屋へ渡し、これで立派に支度をして婿に行ったわけで。

ところがこの又四郎てェ人がまことに気の毒で、婦人には向かない醜男《ぶおとこ》でね。商売の方は巧いんだけれども女にはあまり好かれないたちで。お熊が一目見ただけでぞっとするほど厭だ……婚礼の晩から病気だといっておッ母さんの部屋へ入る。傍へはまるっきり来ないというわけで。

昔からいいますね。〝小糠三合あれば養子に行くな〟という。昔は男尊女卑といって男の方が日本では権利がありました。けれどもやっぱりその養子というてェと弱いんですね。家つきの娘の方が威張っていかに持参金があろうともどうしようとも、やはりなかなか男の権利をふりまわしてどうこうってわけにはいかない。

第一お熊が嫌うには店に忠七という若い者がおりまして。噺の方では本来は忠八という名前がついておりますが、芝居の方でいたしますと忠七という名前にしてある。これァね、やはり忠七といった方が何となく色気があります。

ちょっとにょろッとしたいい男で、前々からもうお熊とは肉体関係があるわけで。おッ母さんは薄々知っているけれども黙っている。とにかく、ご亭主があるんですからそう表立って忠七に逢うなんてェわけにはいきませんし。昼間はお内儀さんだというんで、こらァまァ名目上だけでも仕方がない。お給仕をしたり、ちょっと用ぐらいはしてくれるけれども、肝心寝る時になると病気だ、病気だといっておッ母さんの傍へ行ったきりというわけで、どうにも手がつけられない。

それでお熊はお熊で、おッ母さんを責めるんですね。

「何であんないやな男をわたしの養子にしたんですよ。お前の好きな者を婿にとってやるよと、おッ母さんがおっしゃったじゃありませんか。忠七ならばどうか養子にして下さるようにといっておッ母さんに頼んであるのに、なんであんな因果な者を……わたしはもし、あんな者とどうしても夫婦の生活をしなきゃならないというんならば、いっそ死んだ方がいいから……。いったいどうして下さるんです」

おふくろを責めたけれども、

「おまえ、そう云ったところで知っての通りお父っつぁんはあの通り病気だし、泥棒がはいって金をとられ、このままにしていると今うちの身代もこのまゝま持ちこたえていけるかどうか分らない。そこで仕方がなしにあの又四郎を養子にして、その持参金で今のところは店の方も何とかいい按配になっているんだから。あれを出すとなれば金を返さなければならない。それじゃこのまゝま店を張っていけないことになる。まあもう少しの間我慢をしておくれ。江戸というところはそこへ行くてェと、一夜で夢のような金が転がりこんでこないとは限らない。儲かったならば五百両ぐらいの金はじきにできるんだから。そうしたら家風に合わないといって又四郎は離縁をし、五百両の金を返してやればいいんだから。その上で、今度は忠七を何とでもしてやるから。今のところ忠七を家へ入れたところで一文の金だってありゃァしない。ま、仕方がないからおまえも我慢をしておくれ。あたしからも忠七にいいように云っておくから。もう少しの間だから辛抱おしよ」と……。

そこはそれ者《しゃ》のおッ母さん、酸いも甘いも心得ているから娘の方も何とかなだめていますが、とにかく忠七に逢うことはできないし、つまらないつまらないといってお熊は、毎日悔んでいるというわけで。

と、ここへ出入りをしている廻り髪結の新三という者がある。前にも申し上げたが、廻り髪結というのはいったい何だっていうんで……今の方には分りませんが。

昔はあの髷というものを結いますね。店の者なんぞ床屋へ一々出してやった日にゃァ用が足りませんから、大きい店ではこの廻り髪結という者が来て、五日にいっぺんとか一週間にいっぺんとかいうんでしょうが髪《あたま》を結いますので、これはみな主人の負担になるわけで。番頭ぐらいになれば、もし気に入らなけりゃァ他所《よそ》の髪結床へ行こうと何しようとそれは構いませんが、あとのものはそうはいかない。みんな廻り髪結という者がやりますので。

鬢盥《びんだらい》というものを持ちまして。鬢盥というのは芝居をご覧になれば分りますけれども、引き出しのどっさりくっついたもので上に漏斗といいましてね、その中に水が入っているわけですな。これで髪《あたま》をちょいちょいとしめすというわけで、引き出しがいくつもあってそれには元結《もっとい》だとか鋏だとか、剃刀だとか櫛だとかそういったようなものがずうーッと入っている。一ばん下の引き出しに入っているのはこりゃ砥石でございます、剃刀を砥ぐ。これを廻り髪結って者はどうしても持たなきゃ商売はできません。

下剃りという者を……弟子をひとり連れて歩いている。これが髪《あたま》を女《おンな》と同しに、昔はふけのある人はふけをおとしてそしてこいつを梳《す》きとる。あるいは月代《さかやき》を剃るというような、そんな仕事はこの下剃りという者がいたしまして。それから今度は本当に髷を結うときだけを親方が手をかけるというようなわけで……これをその廻り髪結という。

あごつきとあごつきでない店というのがありまして。あごつきってのは向うで食事ができるわけで。その店で三度食べていいとかお昼だけだとか、ま、そりゃいろんな決めはあるのでしょうが、早く行って一緒にそこでお飯《まンま》を食べてそれで仕事にかかり昼飯も食い、また仕事をする。もちろん、一軒の家じゃァ商売になりませんから何軒かを受け持って、この区域ならこの区域というんで。それを順にうまくまわって、まわり尽したところでまた、初めのところへかえっていい日数になるというようなことで。こりゃまァたいてい何軒々という奉公人の数や何かで、つまり計算ができているわけでしょう。これは一軒の床屋が請けあうわけで、当人が直接《じか》に請けあうんではない。

この和国橋の向うには並び床というのがありまして、ちゃんと店を張っている床屋で。これが株を持っているわけで、いくらいくらというつまりその株を買うわけです。もしもここをよすときにはその、株を元の床屋へ売るというようなわけンなっている。それで今云ったようにあごつきとあごつきでない、あごつきの方が株が高くなるわけですが。

ここに出入りをしている新三という男があって、こいつは根が悪い奴だが……もっとも上べはちょっと当りがよく口先のうまい奴で。

入ってきたのがちょうど、五月の四日でございまして。店の仕事をするが、それからまた奥といいましてね、主人の部屋へも入って来るというわけで。

鬢盥をもってすッと入ってきて。お熊がいたんで挨拶をして、

「お嬢さんあしたはお節句でございます。いずれお髪《ぐし》は結い直すんでございましょうが、何かこう衿元が少しはえてきたようで生毛が。すこし剃っておきましょう。いかがでございましょう」

てンで聞き合わせると、お熊は何しろもう面白くない日々ですから考えていたが、

「そうねえ。あしたはお節句ねえ。それじゃ衿元だけでも剃ってもらおうかねえ」

「じゃ仕事を致しましょう」

「おきくや。あの生湯《ぬるまゆ》を汲んでおくれ」と……。

これからお湯を汲んでくる。剃刀を出してすっかり砥石でこいつを砥ぎ直して、衿元から顔を剃りながら腹ン中で考えている。

「いい女だなァ。俺ァここへ来た時からぞっこん惚れ込んでいるんだが。ただいい女というばかりじゃァない。何かこう男の心をかきたてるような、肉感的な何というか……こういう女とたとえ五日でも十日でも夫婦になれたら、俺ァもうそのまま死んじまってもいい」

新三の奴はぞっこん惚れこんでいる。芝居でするてェとこういうところが分らないんですね。生娘を拐《かどわ》かしてというような、ただ欲だけに転んでいるようなんですが、そうじゃないので。

たしかに新三はお熊に惚れきっているわけなんです。だから何とかして手段《てだて》をもってこの女を自分のものにしたいが、いい工夫はないかしらと考えながら……ひょいと見る。お熊の袂から手紙のようなものがちらっと見えたので。しゃがんだ時にちょいッとそれを引っこぬいて鬢盥の引き出しへ入れちまう。で、仕事をすまして、

「へえ。どうもありがとう存じました」

台所から出て露地のところでそうッと先刻《さつき》持ってきた手紙を開いてみると、こりゃァ忠七へ出す手紙で。『おまえとは婿が来てから逢う事ができない。私はまいにちまいにち、つまらなく暮して本当に生きてる甲斐がないよ』なんてえ、愚痴の手紙ですから、

「こいつァいいものが手に入った」

すぐに新三が店の方へ行くと河岸の方へみんな行っちまって店にゃァ誰ァれもいない。忠七が一人だけ店番をしているから、こいつァしめたってンで忠七のそばへ。

「ちょいと明日はお節句ですから髪《あたま》ァなでつけておきましょう」

と、片々はもう頭ァ結ったばかりだから、「今日はいいじゃァないの」ッてえのを「いえいえ。まあそうおっしゃらずに」てンで、辺りを見まわしながら傍へ近づいて、

「実はお嬢様がね、私にいろいろ泣いて愚痴をこぼすんで。婿が来てから番頭さんにァ逢えねえし、こんなつまらねえ事はねえって。どうしたらいいだろうという。お話をなすったからそ

んなにあなたがおっしゃるんならば、いっそのこと二人でここの家から逃げてあたしンとこへでもおいでなすって隠れていたらどうです。お嬢さんがここからいなくなってしまえば、婿だってそうそう居座っているわけにはいかねえ。おどろいて出て行くに違えねえ。そうすりゃ事は早く片付きますからあっしがこれから行って、忠七さんにゃァ話をするからといって来ましたが今夜お逃げなさい」ッてンで、いきなり云われて忠七もびっくりする。

「いったい何のことなの」ッてンで空ッとぼける。「何もそんなにとぼける事はねえ。さ、この手紙をごらんなさい。嘘じゃないんだよ」ッてンで、お熊の手紙を出すので開いてみるとたしかにお熊の書いたものだし……。

これが新三の計略で嘘だとは思わない。忠七もお熊に惚れているんだから、

「それじゃお嬢さんは……」

「へえ。あっしのところへおいでなさいと云ったら、たいへんにお喜びになってもうその覚悟は決めていらっしゃるようだから、お前さんがいいというんならこれから行ってお嬢さんにすぐ申し上げるから、そうおしなさい。決して悪いようにはしないから」

「それじゃひとつよろしくお願いしますよ」

「へえ、ようがす」

てンで、これからかえって台所へ。お熊を呼び出して実はこれこれだ、あたしのところへお

いでなさい。てンで耳打ちをすると、元より無分別なお熊のこったから、

「そうかい。それじゃおまえよろしく頼むよ」

「へえ、ようがす」

これから他所《ほか》へ仕事に行って和国橋のところで駕籠を一挺誂える。下剃りの勝という、こいつを連れて橋ンとこでこう……ぶらぶらしている。切戸口から二人が出てくると、

「お嬢様は目立つし歩いちゃ行かれねえからこの駕籠へのって、あたくしンところへ先へおいでなさいまし。勝公、てめえ、この駕籠へついて、家へ行ったらお嬢様にお茶でも差し上げて菓子か何か出すようにしておきな。あとから二人ですぐに行きますから」

と、駕籠へ乗せて勝奴をつけて帰してしまう。

これから二人がぶらぶら露地から露地をぬけてくると雨がばらばら降り出したので、照り降り町で傘を買うわけですね。

照り降り町ってのは地図を見たってありません。そんな町名はないわけなんで。これは親父橋から江戸橋、その中間の通りを照り降り町といったんで。どうしてだというとここは、傘屋とそれから草履を売る店がずっと並んでいたんで。草履はお天気ですね。傘の方は雨が降ったときに両方の品物を売っているというんで……。だれがそんな事を云い出したのか分らないが、照り降り町という洒落にいったのがいつかこれが一般に通ってしまいまして……本当の町名は

知らない。照り降り町だってェと、「ああ。あすこンとこか」なんてンで……その方がよく通ってしまいました。

　それから人形町といいますが、昔あれもやっぱり通称なんでございます。人形町通りと云ったので。だからあれはみんな町名があるわけなんです。だが今は本当に人形町という町名になってしまいました。

　この照り降り町で傘と下駄を買ったわけで。大黒の傘といいまして。こりゃァ大阪に大黒屋という傘屋があって、もちろん仕入傘の安いもので安物てェとこの大黒屋の傘、それを大黒の傘といったんですが、それから下駄といいますと吉原下駄、ちょいと雨の降った時なぞは間に合せに桐の下駄や何かだと高価《たか》いから……杉でできております。こりゃァ間に合せに履くという下駄で。

　昔は芝居茶屋なぞではこれへ焼印を押して茶屋から芝居へ行くときに履かしたもんでございます。まあ、芝居やなんかの話はあとで致しますけれども。

　二人が仲良く相合傘でなにか話をしながら稲荷堀《とうかんぼり》を通って……。稲荷堀とかいてとうかんぼりと読む。面白いところがあるもんで。

　新三という者は深川の富吉町《とみよしちょう》という、その富吉町てェ町名も今はなくなっている。永代橋を渡ってすぐ右の方の、つまり隅田川の河岸の方ですね。その辺を富吉町といったんですが、あんまりいいとこじゃなかったんで……貧乏町内ですが。

ここに髪結新三てェ者が住んでいるわけでここへ行こうというんです。

「けっして家へ来たって心配しなくたっていい。おまえさん、一文無しで出てきたというが小遣いなんぞは、五両や十両の事ならけっして心配はいらない。好きなもんでも取ってまあ、呑気にあすんでおいでなさい。どうせあっしゃァ下剃りを連れて朝早くから出ちまう、商売に行ったあとは二人っきりだから、何をしていようとご勝手次第だから、寝ていようと起きていようと、ま、おまえさんの勝手にするがいい。二人が鼻をつき合わせていたらさぞ飽き飽きするだろうが……まあ惚れた同士だから半月や一月、鼻ァつき合わしていたって飽きるなんてェこともねえだろうが、退屈ンなったら近所から好きなものをとって、酒でも飲んであすんでおいでなさい。そのうちにあっしがうまく話をしてあげるから」

なんといってね、まことに様子のいい事を云いながらやってくる。

永代橋のすこし手前までくるてェと急に雨がひどく降り出したので、空を見上げた新三が、

「おお、こらァいけねえ、ずいぶん降ってきやがった。明日はお節句だてンで本降りになっちまっちゃァたいへんだ。まァ少し急いで行こう」

てンで、尻をぐっと端折《はしよ》りなおす。

と、今まで二人でさしていた傘を一人でさしてすたすた急ぎ足に。忠七の方は始終、店にす

わったり何かしていて、あんまり歩きつけない人間だし、履きつけない吉原下駄。足も痛いし、そう早く歩けない。

「待っとくンなさい。そんなに一人で行っちまっちゃいけない。あたしが濡れるじゃないか。不人情な顔をしないであたしを入れてっとくれよ」

とこういう。

そうすると新三の言葉つきが今までとはがらッと変って、

「何だい。濡れるったって俺の買った傘ァ俺がさすんだ。てめえの傘じゃねえ。濡れようと濡れめえと勝手にしやがれ」

これを聞いた忠七がはっとするので。

「どうも何か……言葉が気に入らなかったの、あたしが悪かったらあやまります。どうか傘へ入れてって下さい。家が分らないんだし、今日ッからお前さんのご厄介になるんだから。そんなに怒られた日にゃァ困るから」

「何だいご厄介になるってのァ」

「お前さんのところにご厄介になるン……」

「俺ンとこへ？　どういうわけで厄介を俺がしなくちゃならねえんだ」

「何を云ってんの。お嬢様と今日ッからお前さんのところへ厄介になるつもりじゃないか」

てェと、新三が鼻の先でフフーンてンで笑ってね。

「ああ、お嬢様、お嬢様ってェのはお熊のことか。ありゃァな俺の色女《いろ》なんだ。俺とは前からちゃァんとできてるんだ。家を出るには何かきっかけがなくちゃいけねえからてめえを道具に使ったまでなんだ。お熊の事なら心配《しんぺえ》しなくたっていい。俺が抱いてようく可愛がってやるから。てめえはもうここまで来たんだ。行ったところで用もねえんだからさっさと家へ帰《けえ》れ」

云われて忠七がびっくりする。「そんなばかな話はないじゃないの。そんな事を云わないで連れてって下さいよ」傍へ寄ってくるところを「何を云やァがるんだ」てンで、ぽーんと突きとばす。

はずみを食って忠七はそこへ倒れて、「ひどいことをするじゃないの」と、むしゃぶりついて来る奴をまた足をあげて蹴る。倒れたところを今買った吉原下駄をとって、額のところをばしッと殴る、額が破れてだらだら血が流れる。忠七は……わあッてンでそこへひれ伏してしまう。

「ざまァみやがれ。このばか野郎」ってンで、新三はそのまま傘をかついで行ってしまう。雨はどしゃ降りになる。新三の行方は知れず……。こんななりでまたお店へかえるわけにもいかない。どうしたらよかろうと思案にくれている。

芝居でするてェと、店へは帰れないから永代橋から身を投げようというところへ、弥太五郎源七が通りかかって助けることになりますが、噺の方はそうじゃない。

結局考えたけれどもどうにもしようがない。家へ帰っておかみさんにご相談を申し上げるより他に道はないというので、忠七がきまりの悪いのを我慢をして、お熊のおッ母さんお常にこの話をする。と、お常もびっくりするわけでしょうが、まあ何しろ今夜てェわけにはいかないからというわけで。夜が明けてここへ車力《しやりき》の善八という男がくるんですが。

抱え車力といって昔はこの材木屋さんや何かは、申しあげたように船へのせるものは船へのせるが、船じゃ行かないところはいくらもありますから、車へのせて重いもんだから引かなくちゃならない。それには専門の車力というものがいる、車をひっぱる者が。この善八という人が抱え車力になっている。この人は力もあるし、そういう事には向いているんですが、もうごく人間は、ぼうっとした欲もなければ野心もなし、ただ力があって車を引っぱって歩くというだけで……。まことに人間としてはいい人ですが、これが行くてェと、おかみさんが奥へちょいときてくれという。

「他の者にこんな事は云えない。たのめないがお前だから云うが、お熊がこれこれで新三のところへ連れて行かれて……どうか連れて帰ってきておくれ」

というわけで。十両の金をこの善八という者に渡した。で、この使いにやるわけで。

ところが向うへ行ってみるてェと新三の奴はもう、お熊が云うことをを聞きませんから荒縄でしばっていわゆる……強淫ですね、散々《さんざつ》ぱらなぐさんで。それであとはまた縄で結わえて押入れへ放りこんで、褌一本であぐらかいて酒をのんでいる。そこへこの善八が行って、「どうかお嬢様を返して下さいまし。おかみさんも心配をしていらっしゃるからどうか、ひとつお返し下さるように。これは僅かではございますが、どうぞ一ぱい召し上って」

てンで、十両の金を出すというわけで。

これァね、享保時代だったら十両の金といやァなかなかたいへんなんです。享保は二十年まである……一七三五年です……。ところが金勘定だとか何かはおそらくこの人情噺でも、幕末ンなってるんですね。安政、万延、文久なんというような……だからたいへんに違いがあります。百年以上も違う。

しかしまあ昔の話なんだから、物価の相違なんかというものはいろいろごまかしているわけなんですけれども、十両ばかりの端《はし》た金を持ってきやがって、なんてェことをいう。そりゃまあね、ご維新まえになればもう十両といってそう大した金ではない。享保時代だったら十両といやァたいへんなものなんで。三両だとか五両だとかいう金で娘が身を売ったなんという話がいくらでもあるんですから。十両の金といやァそりゃァたいへんなものなんですが、幕末頃になるてェと……へへへ……でも今の十円とは違いますがね。まあ相当なものには違いないけれどもそれほどの大金とはいえないわけなんで。

だから、「十両ばかりの端た金持ってきやがって」というのは、新三の胸算用では相手が白子屋という店なんだから、ここで何とかしてねばったら悪くって五十両、うまく行きゃァ百両ぐらいな金は寄こすんじゃねえかとこういうような、ね。そりゃァまァ、お熊には惚れたことは惚れたけれども自体が悪い奴で、おしまいにはやはり欲に転んで……自分の買った株だってもうそんな事があればこいつァ放り出さなくてはならない。まあいずれ只って事はない。元の床屋へ行って株を売るってことになりゃァ、とれるにしても、多少損をしなくちゃならない。そんなことも見込んでいるからまあ、百両ぐらいはふんだくってやろうというような、手前勝手な事を考えていたんでしょう。そこへ向うから十両持ってきたんで。

「これっぱかりの銭でどうするんだ」ってンで、この善八をおどかして帰すというわけです。

ところが善八も困ったんで……何といったって返さない。そこでこれは自分の女房に相談をするよりしようがねえってンで、まことにいい人ですから帰ってきて女房にこれこれこれだってンで話をする。どうしたらよかろう……。

「それじゃお前さん、おもての親分にたのんだらいいじゃないか」

おもての親分というのは弥太五郎源七という、これは当時江戸でも指折りの親分ですから。それがまァちょいちょい表でも会ったり何かするので、源七も善八の事を知っている。片ッ方は親分、親分といって頭を下げる。「どうしたい、善八っつぁん」なんてンで、そりゃもう、やくざといっても弥太五郎あたりになれば大親分ですからそこは如才がなく、ちゃんと挨拶もしてくれるというようなわけで。

「あの親分にたのんだら江戸で指折りの方なんだから。行って話をすりゃ否も応もあったもんじゃない。新三ぐらいはぺこぺこお辞儀をして、たしかにお嬢様を返してよこすにちがいないから。行ってごらん」

と、いわれて善八がそこでお菓子か何かの折を持って、弥太五郎のところへたのみに行くわけです。

ところがね、弥太五郎に会ってその話をしますと、だいたい他のことできたと思うんですね。ほかの事てェのは伜の庄之助。これが方々放浪して歩いたが自分の家へ帰りたくてもかえれない。そこで近所でもあり、弥太五郎源七のところへ……。と、片っ方でもまあ白子屋の伜だってェことも分っているし行く所はないてンで、「じゃまあ、いい。俺がそのうちに詫びをしてやるから俺ンところへころがっていろ」ってな事で、自分の家へ置いてあるんですが。

そのことについてでも善八が来たのかなと思ったがそうじゃない。実はこれこれでお嬢さんが新三のところへ連れていかれたので、あたくしが行ってたのんだけれどもなかなかどうして、返してよこすような様子はないし、たいへんな見幕だから……。親分に行って話をしてもらいたいと頼むんですが……。

「相手がもっと何の某《なにがし》という名前のある悪い奴ならばそりゃ俺ァ命を賭けて、行って掛け合ってもやるけれども、とにかくあんなどうもチンピラで、髪結なんてそんなものを相手に俺が喧嘩をするわけにもゆかず、こいつァどう考えても具合がわるいから」

てンで断るんです。と、今度はまたお内儀さんに、

「どうか一つ、親分が行って下さるように、お内儀さんからも口を利いていただきたい。私ももうどうにもならないんですから」

ってンで、べそをかきながら頼む。

「まあ、あんなに云っているんだからお前さんが行きゃ……あいつだって家のへやへちょいちょい遊びに来ていたこともあるんだし……」

家のへやというのはつまり、弥太五郎源七の博奕場へばくちを打ちにくるわけで。満更知らない顔じゃァないんだから、口をきいておやんなさいよと、女房にすすめられて弥太五郎源七はどうも最初《はな》っからその……気がすすまない。けれども無下《むげ》に断るわけにもいかないと思うのでよんどころなく、「じゃまァいい。せっかくそれほど云うんなら行ってやろうか」というんで、渋々ながらこれから支度をして弥太五郎源七が新三のところへ行くわけなんですが。

土地の親分とは　昔は何処の土地へ行きましても、親分というものがどこにでもいたわけな

んです。「ありゃァ、どこの親分だ」。で、我々にしてもそうなんです。どこで興行するといってもまず、あすこの親分に顔出しをしておかなくちゃいけないよ、なんてェとこが、旅なんぞへ行きますといくらもあったんです。もしもそこへ顔出しをしないと生意気な芸人だから邪魔をしてやれ、とか何とかいってね。酒を飲んで暴れたり、何かその興行の邪魔をするというような、厭がらせです、そういう事をしたもんですよ。

親分のところへ行って、「よろしくお願い致します」と、菓子折の一つも持って頭を下げておくてェとそんなことはないわけで。もしも騒いだりなにかすると親分のところへいって頼むてェと、「とんでもねえ奴だ」てンで、親分が来て取りしずめてくれるというようなわけで。だから昔は料理屋だとか芸者屋、またはお妾……源氏店のお富さんのところみたいに、蝙蝠安みてェな奴が来てねばったりなにかして、そういう時に土地の親分てェものを頼んでくりゃ、すぐ追ッ払ってくれるというわけですが。

親分というものは何で生活をしているのかってェと、何にもないわけです。ものを売るわけじゃないんだから。博奕をさせるのですが、子分やなにかに博奕をさしたってそんなことは商売になりませんから。それが昔も今も堅気の人でありながら、博奕の好きな人があるわけです。それらがこういう親分のところへ来て博奕をするわけですが。変なところでやるよりは然るべき親分のところで博奕をすれば絶対に手が入っても捕まることはないんですよね。

そりゃァもう見張りも厳重で、ずうッと何人も何人も見張っているわけなんだから。何かちょいッと様子がおかしいなと思うと合図をすると、次から次へと、「おい、危ないよ」と、信号をすると手早く片付けてしまい、そこで酒肴を出して飲んでいるとか、博奕てェものをやっちゃおりませんという事にぽんと切り換えてしまう。

よし、間違ってその場へのりこまれたって子分のお内儀《かみ》さん達が、刑事にかじりつくんですって。二階でやっているからあがろうとするとわあーッてンで、かじりつかれる。相手が女だからそう手荒な事もできないし、これを振りほどいて何とかしようと思っても必死になってね……まといつくてェとなかなか離れないそうですよ。殴られようがどうしようが、くっついたら離れないてンで……そのうちに客をどんどん逃がしてしまうわけですね。捕まる奴はこりゃ商売人だけで。あとで聞かれても「我々どもでやっておりました」というだけで。

もしこういう時に、堅気の旦那がたをば縛らせるなんてェ事になると、その賭場《とば》の信用というものがたッと落ちてしまうわけで。「もう、あんな所へはとても危なくっていけねえ。あすこはいけないよ」てなことで。

こういう事はすぐとひびきますから、そうするともう商売があがったりになるわけで。だからどんな事があっても、堅気の旦那というものはこういう時は無事に逃がさなくちゃならない。それで今度は子分のうちで誰が行く、誰が行くって事はきちんと決っていますから……で、これが賭博犯でいく。

留守中はその親分の方で面倒、暮らし向きの一切は引き受けてくれる。それから刑を終えて出てくるとこらァ、いい顔ンなるってェわけなんですが。賭場で勝った者から、テラ銭をとる、賭場の所得税です、それがまあだいたいの収入というわけです。

賭場のあまり盛らない時には、花会《はながい》てェものをするんですが。手拭いの一本、あるいは半紙の一帖なんという、なるたけ金のかからないもので、これをずうーっと知ってるとこへ……。「このたび何処そこで、何時《いつ》の幾日《いツか》に花会をいたしますからよろしくお願い致します」……これは金あつめなんです。

芸人をたのんでそこで何を演《や》らして、演芸会をやっておりますからごらん下さいというわけで。これはただ名目だけのことで。これへ金をいくらか包んで持っていかなくちゃならないので、こいつはやらなきゃやらないで、あとで仇《あだ》ァされたり何かしますから「花会だってンで……しようがないねえ」なんてンで、ぶつぶつ云いながらお祝いとして何がしかを向うへ届けるわけで。そうして金あつめをするという……。だから親分なんてェものァそういったような厄介なものばかりなのかと云うと、やはりそうではございません。

昔はこの法廷なぞへもよく出たんだそうですね。御奉行所へ……。何で出るのかってェと原告なり、被告なりの代理人として、堅気の人はお奉行所なんぞはいやがる。今だってそうですね、裁判所へ出るのはいやだとか、警察へ行くのはいやだってェ人はそりゃいくらもありますから。そういう時に自分が出ないで誰それのあたくしは代りでございます、といって口をきいてくれるというわけで。そういう時にこの親分てェものを頼むというわけで。

家主の権威　それからもう一つは、町内の兄哥《あにい》とか頭《かしら》とか、そういったようなものも口をきいてくれたものです。それから家主《いえぬし》というものがどこでもたいへんに活躍をしたもんです。今は家主というと、その家をもっている人が家主だと、間違えているんですがそうではなく……これは差配人です。つまりそこを管理をしている。これを大家さん、家主と云ったものです。

仮に地主が地面うちへ貸家を建てる。昔は自分で貸すわけにはいかない。これには家主というものがどうしてもなくちゃならないわけで。だからたとえ地所を持って自分の家屋でありながら、家主何々支配内というので、管理人の方が上になるわけです。というのは、町内というものには番地がありません。仮に本町なら本町で、この本町なるものに番地がない。じゃどうするのかってェと、家主何々……平兵衛なり八兵衛なり、それの支配内にこういう者が住んでいると分る。だから一町内に幾人《いくたり》も家主がいたわけです。一人じゃない。

それからこの家主というものには警察権がありまして、もしも悪い事をした奴があるとする。召し連れ訴えというものをしたわけで。召し連れ訴えというのはつまり、こいつをふン縛って突き出すんですが、お奉行所へ出るのかってェと、そうではなく名主へ出ます。一町内に一人という場合もあるが、ただし一町内に一人というのはまァまれでございまして、三町に一人、五町に一人、中には七、八町に一人の名主というのがある。

名主　この名主になるには町人ではあるが名字帯刀を許されて侍と同《おンな》しに二本刀を差し、表は玄関造り、高張りの提灯なぞを左右へ出し、なかなかいかめしいもので。その代りこれは名誉職で、名主をしたからいくらいくらくれるなンてんじゃない。金がある、名誉のために名主になるというんですから、こりゃね儲からない。ただし悪い事をした奴があって、自分の支配内、家主から願い出てくると、お白州もちゃんとありましてここで名主が調べる。

そこで、こいつはたしかに罪状がある、訴えるべき奴だということを認めると、名主から今度奉行所の方へこれを届けるというわけで。だから今でいうと都知事というものがお奉行で、名主はつまり都会議員みたいなもんですね。それから家主は区会議員といったようなもの。だから家主というものはその支配内にいる者が、大家さん、あるいはお家主さま、旦那といって一日も二日も置いたという事は、何か事件があればどうしてもこの家主の厄介にならなくちゃなりません。だから大家といえば親も同然、店子《たなこ》といえば子も同様なんという例えをいいます。

それからもう一つ、この家主に役得があるわけで。だいたいは地代、家賃。こういうものをあつめて、地主のところへ納めなきゃならないわけで。金をあつめてその内の何パーセントというものはこりゃァ、家主が当然手数料として取るべきものなのですが。

屎尿を売る　もう一つの収入というのは、長屋の肥料《こやし》ですね。汚い話ですが屎尿というものがなかなか馬鹿にならない。今だって汲み取りをする処がありますがね。ポンプでもって、すうッと吸い上げます。今は金を出して取って貰うが昔は汲みとる方から金を出して、みんなが買いにくるわけです。

これは近在のお百姓といいましても今はほとんどもう東京の中へ入ってしまった。中野だとか杉並、葛西だとか、全部もう今は東京のうちになってしまいましたが、昔そこいらは郊外で、その辺のお百姓がみんな肥《こい》を買いに来たもんで。これは家主のあたまで、ここはどのくらい、どのくらいという掛け合うんでございますが。

そして月々いくらという値段を決めて売ったわけで。その収入は全部この家主の外持《ほまち》になるわけで。だから職人なんぞは家主と喧嘩して、「何を云ってやがンでえ。ふざけんな。ぐずぐず云やァがると俺ァ長屋で糞をたれねえぞ」なんて……汚い喧嘩をしたものですけれども。そういう事があったわけで。

で、髪結新三の噺に戻りますが、善八にたのまれた弥太五郎源七。二人が深川富吉町へ来てそして聞いてみると、ここの家でございますてンで教えるわけで。「よしよし。じゃあお前は中へ入らずに待っていろ」と案内を乞う。

と、下剃りが誰だいってンで、誰か友達が来たかと見ると弥太五郎源七だからびっくりする。何しろ日本橋では大親分で、それがだしぬけに来たんでおどろいて新三に、

「弥太五郎親分がいらっしゃいました」

新三もびっくりして、

「何でこんな処へおいでなすったんでございます」

と新三はまあお世辞たらたらで、裸ンなって下さい今背中を拭かせますからとか、冷てえもんでもなんという。

「まあまあ、そう構ってくれるな」

……で、弥太五郎源七が入ってきて、

「実は今日、俺の方で頼みがあってきた。まあお互《たげ》えに事が分っているんだから、ああのこうのと面倒臭えことは抜きにして手っ取り早く話をしよう。どういうわけか知らねえが、白子屋のお嬢様がお前《め》ンとこへ来ているそうだが、俺ァたのまれて迎えに来たんだ。どうかまあ、何にも云わずにお嬢様を渡してくれ。何だか分らねえが十両よこした。ま、これっぱかりじゃどうにもしようがねえだろうが、俺がこうしてお前のところへ頼みにきたんだからこれで、にっこり笑って俺に花をもたしてくれ」

という。

何ごとも人の口を利こうというには、自分が低く出なければ物がまとまりませんからそれで、弥太五郎の方でどうか俺に花を持たしてくれよ、というようなことで十両だすわけです。

と、さすがに髪結新三も困る。

「実はまあ、親分に云い訳じゃねえがあの娘と私とは、前々からちょいともういい仲になっておりました」

と、まあそこは口から出まかせの、いい加減な事を云って、

「女が連れて逃げてくれというから連れてきたところが、ここへ来てみるとあんまり穢い長屋なんでおどろいて女の方で厭だといい出したんで。今さらそんな事を云われてこっちも引っ込んでいられねえ。それからまあ荒縄でふン縛って押入れへ入れてありますが、相手が白子屋さんだから私が金に転んでどうこうというような、けっしてそんな悪いたくらみがあってやったわけじゃございません。こうなれば男の意地というものがありますから、たとえ十日でも半月でもいいから新三の女房だと人にも云わして、それから当人が帰りたいと云うんならば家の方へかえしてやりますが、親分に口をきかれますてェと、あたしもまことに困るから、どうか手をお引きなすって下さいまし」

と云う。

弥太五郎の方では、こりゃァ新三の方でいい加減な事を云っているという事は分っているか

ら、

「そんな事を云っちゃいけねえ。俺も人に初めてたのまれて口をきくわけじゃねえ。こういう事はもう度々《たびたび》たのまれてやって俺も覚えがあるんだ。まあ、そんな分らねえ事を云わねえで、お前の女房にしてもいいというんなら白子屋さんでも何とも仰有《おつしや》りはしねえ、だからとにかく迎えに来たんだから、俺に花をもたして帰《けえ》してくれ。他の者が来たんならお前も何とでも文句を云うがいい、こうして源七がおまえのところに頼みに来ているんだから」

片々も恐縮をして、

「親分にそう云われりゃァもうどんな我慢をしても黙ってお返しをしなくちゃならないんですけれども、色恋の道というものは親分、また別でございます。いろいろ云うに云えねえ二人の仲の事がございますので、まことに云う事を聞かねえ、憎い奴だというお腹立ちはございましょうが、どうか一つ親分、ここンところは何もおっしゃらずに手をひいていただきたい」

新三は涙をこぼしてここで頼むわけで。

ところがそんな事で、弥太五郎の方も黙っているわけにはいかない。

「ばかな事を云っちゃいけねえ。そんなだだをこねねえで、俺がこうして口をきいているんだから何にも云わずに、この十両の金で一ぺえ飲んで俺に花ァもたしてくれろ。さ、ぐずぐずいわずにお嬢様をここへ出せ。俺がこうやって口をきいているんだ。弥太五郎源七だ」

今度はぐっと、あたまから抑えようとする。

と、いきなり新三が前にあった金をとって弥太五郎源七へぶつけるわけで。

「ふざけた事をいうな。てめえが弥太五郎源七なら、俺も上総《かずさ》無宿の入墨《いれずみ》新三だ。人が親分とか何とか持ちゃげてやりゃァいい気ンなって、のたァことをつくねえ。糞でもくらってやがれ。てめえみてェに親分がった奴が来てぐずぐず云やァがるんなら、意地でもなおさらかえさねえ。口惜しかったら矢でも鉄砲でももってこい」

てンで、啖呵きるわけで。

これはね、相手が親分。もう自分はどうしてもこのお熊てェものをすぐ返したくないので。もうちょっとの間たのしんでそれからあと金にしようという。今つれて帰られちゃっちゃ、せっかくここまでお膳立てをしてもってきた自分の思いが遂げられなくなる。だから命を投げ出してのこれは捨て鉢の戦法でやったわけです。

ところが弥太五郎源七も黙っていられないから脇差をぬいて、ことによったらこいつを斬ってしまおうという勢いで抜きかける。と、表に見ていた善八がびっくりしてとび込んでくる。そして弥太五郎にすがりついて、

「ここでもしもの事がありまして、親分がお斬ンなすったら白子屋さんもご迷惑になるし、お嬢様もかわいそうでございますから、どうか親分お腹も立つでしょうが、あたくしに免じてご

勘弁をねがいたい」

もう善八が渾身の力をふり絞って弥太五郎を押さえて一心にたのむわけで。弥太五郎だって腹は立てたが、こんな者を斬ったってしようがない。斬りゃァ自分だってただァ済まないことは分っているんだから、そこで胸をなでおろして、

「お前さんがそういうんなら、こいつの命は助けてやるが、てめえみてェな小僧ッ子を相手にする俺じゃねえが、きいたふうな口をききゃァがった事は忘れるな」

「何を云ってやがンでえ、べらぼうめ。俺ァてめえとは違って耄碌《もうろく》はしていねえんだ。口惜しかったらいつでも仕返しに来やがれ」

てンで、片っ方はもう、やけっぱちで怒鳴ってる。

「こういう事があっては厭だと思うからあたしは最初《はな》にお断りをしたんだ。善八っつぁん、せっかく来たがお役に立たなくてすまなかったね」

源七は腹が立ってたまらない。おもてへ出て帰ろうという。

ところが善八の方ではこれからどうしたらいいだろう、この親分にたのんでさえもうんと云わないんだから、こりゃどんな方法でお嬢様を取り戻したものか。また家へかえってお内儀さんに何と申し訳をしたらよかろうかとその事ばかりて胸が一ぱいで、弥太五郎源七が気の毒だったなんてェ事はもう頭にありません。

二人で露地を出ようとした時に、六十七、八になろうかという瘦せぎすの老人が出てきて呼び止める。これが長屋の長兵衛という家主で。こしかけで……こしかけというのは、つまり奉行所の待合室というわけです。長兵衛も、弥太五郎は顔見知りで。

「実はあたくしの方では親分の事はよく存じ上げておりますが、ちょっとお話がありますからお立寄りを願いたい」

という。そこで家主のところへ寄る。

「今、あたくしが新三の家の前を通ったところが、あなたがことを分けて話をしておいでなさるのに、あの新三の奴がとんでもない事を云って……。あいつはばかで気違い。実にどうも呆れかえったもので。あなたが行って話をしてさえもああいう奴ですから、所詮もう他の者がいっても駄目でございましょう。そこでいかがなもんですか、あたくしが今度は口をききたいと思うので。というのは、たいへん出過ぎたことを申しあげるようだが、別にどうという事はございませんが、あいつが家賃を滞納《とどこ》おらしたり、何のかんのと云って今までずいぶん面倒をみてやっております。そのかどをもって、あいつを取って抑えてやりたいと思うがどうでございましょうか」

と、相談をかける。

弥太五郎の方じゃ自分が行って話がつかなかったんですから、「あなたがそう仰有って下されば、お店《たな》の方でもお喜びになるだろうから……」。お店というのはつまり、白子屋の事ですね。「じゃ、ま、一つよろしくお願いします」

「ついては親分は十両の金を持っておいでになったようだが、相手が白子屋さんだからこれは十両では少しすくないと思うので。いかがなもんでしょうか、三十両出していただきたい。あとあとの事もありますから、そうすれば万事うまく話をつけますから」

という。と、弥太五郎源七も、

「そりゃごもっとも。じゃ善八っつぁん、お前さん店へ帰ったらお内儀さんにこの事をようく話をして、旦那が口をきいて下さる。三十両出せと仰有ってるから大事なお嬢様の事でもあり、まさかそれでいけねえとは云わねえだろうから。ま、よくお前さんから話をしておくれ」

と、家主がはじめてその時に善八に向って、

「あなたは善八っつぁんとおっしゃる。よく云って下さいよ。これァね、私が話をするんじゃない、親分になり代って、私がその代りとして話をするんだからその事をよくお内儀さんに申しあげて」

という。こりゃァまァ、弥太五郎源七を立ててのことで。

「それで三十両でご承知のようだったら帰りがけに駕籠を一挺誂えて、すぐにお連れできるように用意をして、私のとこへおいでなさい」

というわけで。「それじゃよろしくお願いします」てンで、弥太五郎源七は帰ってしまう。これから長兵衛がこの新三ンところへ行くわけなんですが、これからの言葉の遣り取ですね、これが実にうまい。よくできておりましてね、新三のところへ家主が行く。

「今日はお前にすこし話があって来たんだが」

と云いながら、ちょいと台所を見る。鰹が一本ある。

「ほう。いいものがあるじゃねえか、買ったのか」

てンで、新三に聞くと、

「ええ。先刻魚屋が持って来て生きがいいから。ま、こいつを刺身で食いてェと思ってね。一本奢りました」

てンで。初鰹《がつお》というものは安くない。

「いくらとった」

「三分二朱でござんす」

三分二朱ってェとね。そうですね……三分が七十五銭ですか、それで二朱というとあと十二銭五厘入れるわけで。今の金でいえば八十七銭五厘になるわけで。もっとも何文という金の時代と、それから明治になりましてから十銭、二十銭。つまり十銭が十で一円になったんですから計算は違いますが、ま、今の金勘定でいえばそういうもんですから、もちろん一両までは出ないわけですね。だけども八十七銭五厘という。これを聞いて家主がびっくりする。

「おッそろしい、ずいぶん高いもんだ。おれ達ァとても食えねえ。……時にまあおまえに少し話があって来たんだ」

と、新三は「そりゃァもう分っておりますんで。家賃の方もずいぶんとどこおって申し訳ありませんが、すみませんがもう、十日待って頂けば私もまとまった金が入るから、そうしたら今度は家賃のたまったところもまとめてお払いをいたしますから」

こりゃその白子屋から金をふんだくって女を返す、そうすりゃ自分の懐へもまとまった金が入るからという……そういうわけで。こいつを聞いた家主が、

「何を云ってるんだ。俺ァ何も店賃の催促に来たわけじゃねえんだ。先刻俺が聞いていたけれども、お前、弥太五郎源七が来たがあいつの鼻を折っぺしょってかえしたようだが……あァ偉いもんだ。ああいう親分がった奴なんざァ、たまにああして、鼻ァ叩き折ってやるのはいいもんだ。どうしてどうして偉いもんだ。弥太五郎源七も髪結新三にあっちゃ敵わねえなァ。おまえは男をあげた」

なんてンで、たいへんに向うをね褒めるんですよ。ほめられてみりゃァ人間だから、新三も悪い気はしないし家主にほめられて、「へえ、へえ」ってンでいい気分になっている。

「そこでお嬢様てェのはお前のところにいるのか」

「へえ。荒縄でふン縛って押入れへ放り込んである……」

「ああ、そんな事をしちゃいけねえ。相手があゝいう大家のお嬢様だ。な、おまえの女房にしようなんてのァそりゃ無理な事なんだから。てめえ、お嬢様に惚れているんじゃねえのか。そうなんだろ、そりゃ諦めた方がいいよ。え、そのくらいな女は金を出しゃァ何処にだってころがっているんだから。こういう時にあんまり長びいたり何かするとあとで碌な事はないから。まあ今のうちに金ところんでこいつを諦めろ」とこういう。

「ところがどうも、諦めろったってお前さん、十両ばかりじゃしようがねえ」とこういう。

「いいじゃねえか。お前がこれだけならばという高《たか》を云ってみな。俺がそれだけの金を向うから取ってやる。弥太五郎源七じゃいけねえだろうが俺が口を利こう」

と、こう云うんで髪結新三もびっくりする。家主が口をきこうてンですから。だけど腹ン中じゃァあれだけの親分が来たって、俺が啖呵きって喧嘩吹っかけて追い返したんだ。なんだ、ひょろひょろしたこんな耄碌爺が何か云ったって任せられるわけはねえじゃねえか、と腹ン中じゃ家主をばかにしている。

「あっしゃァ金なんざ要らねェんですから」

「そんな事を云わねえで、まァ俺に任して。いくらの金ならばいいか俺に云ってみろ。俺がそれだけ取ってやる」

てェと、新三の方でも『フン。何を云ってるんだ』という腹で、

「じゃァあっしの云うだけの金を取ってくれますか。五百両取っておくンなさい」とこういう。

と片々が、「ほう。ずいぶん大きな事を云ったなァ、五百両。ウン俺ァ向うへ三十両といってやったんだ」てェときに、『ああ、この爺、さては三十両でこの話をつけようてンで、請け合ったんだな』って事が新三にも分るので。

「三十両でどうだ」てェと、新三は黙ってる。

「少し足りねえかな。もっともそっちの云い値が五百両で、三十両ではすこし違いすぎるが、まあ負けてくれ。な、知らねえ仲じゃねえんだから、三十両で手を打って。どうだ負けるか」

なんてンで、家主の方でも少しおちゃらけているようで。

新三は鼻の先でフフンと笑ってね。

「冗談云っちゃいけませんよ。三十両ばかりの金、欲しかねえや」

「ばかな事を云うな。三十両ばかりって事があるか。え？　三十両取りゃいいだろう」

「それっぱかりじゃ厭ですよ」

「そんな事云わねえで俺に任したらよかろう。な、いい娘を一晩抱寝をしてその上三十両貰やァいいじゃねえか」

「三十両じゃひどいや」とか何とか云う。

「何がひどい事があるもんか」

ここンところで、だんだん家主が冗談めいていながら三十両で話をつけろ、つけろと云うんですが、片々じゃ一向に承知しない。

「どうしておめえ、三十両でいけねえんだ」

「あっしもね、ただの人間《やっ》じゃありませんから」

「あァ、ただの人間《やっ》じゃねえと云うとどういうんだ」

「肩書がありますからね」

「あァ、どんな肩書が」

「上総無宿の入墨新三ですから、三十両ばかりで返すってわけにはいきません」とこういう。

「はァ、じゃ何かい、上総無宿の入墨新三だから三十両じゃいけねえというのか」

「そうです」

って、片ッ方は嘯《うそぶ》いている。ここで家主が向うの顔をじっと見ていたが、

「このばかやろう。何を云ってやがる。あんまり俺の前で、大きな口をきくな。上総無宿の入墨新三だ？　それがどうした？　弥太五郎源七はてめえにへこまされたかも知れねえが、家主長兵衛はてめえなんぞにへこまねえ。そういうふざけた事を云うんならばたった今、たまった店賃を残らず払ってこの長屋から出ていけ。てめえ、無宿ってのは何のこったか分ってるのか。

つまり人別のねえことだ」

人別ってのは戸籍謄本ですね。それから削除されたものをば無宿人というわけで、入墨者ってェが、入墨ってえのは何なんだという……。

つまり牢へ入ってる時に何かの悪い事があったとか、あるいは召し捕られて牢へ入る時これこれの罪があるというので、それを入墨をしていくらか罪を軽くするわけで。これはあの右の腕へ入れるところ、左の腕へ入れるところと、その場所や何かによって違うんだそうですが。つまり腕へ黒く輪を入れるんですが。そうですね……三ミリとか四ミリとかそんなものでしょう、幅が。そうしてまァるくすうッと腕を取り巻いたように筋を入墨する。これを入墨者という。だからあの人は入墨をしているなんてェ……彫物のことを云いますと本当は怒るわけで、いけません。

絵のかいてあるのは彫物という。それから刑罰のために入れられたのを入墨というんですから言葉が違うわけなんです。

「そんなものがあってどこがどうえらいんだ。てめえのな、おらァ腹を知ってる」

腹を知ってるてェのは、つまり人柄を知ってるからそこで俺がおいてやったんだ。

「てめえみてェな無宿の入墨者を承知の上で家を貸してくれるような所があるんなら、どこへでも行って借りてこい。きさまのようないけッ太《ぶて》え奴はこの長屋から追い出しちまって、今度は俺が白子屋の方へついててめえを召し連れ訴えに及ぶからそう思え」

ここで家主がすらすらと並べたてる。

寺社奉行、勘定奉行、あるいは両町奉行といって南町奉行、北町奉行、火付盗賊改《あらためやく》役の加役といいましてね。

「何処へ行こうとも深川の長兵衛といやァ名の通った俺は家主だ。てめえのような太え奴の首へ縄をつけるのは赤ン坊の手をねじるようなものだ。てめえの首なんぞは俺の舌の先一つの動かしようで、そんな首をとばすのはわけねえんだから。はばかりながら俺の向うが張れるなら張ってみろ」

てンで、家主にどなられる。なるほど。これは家主のいう通りで。入墨があって無宿者だという、そんな者を承知でおいてくれる家主は江戸にだって幾人《いくたり》もありません。たいていはこわがって、いや、ここは前約になっているからとか何とか云って断られるわけなんで。

ここを追い出されちまえばさしずめ居る所もなくなるし、もし白子屋の方へついて自分を訴えられる……そうなると家主の云う事は通りますよ、お調べになれば。いかに本当であっても被告人が家主の云う事は違います、てまえが何のかんのと弁護をしてもですよ……昔は弁護士なんてェ者はつかないわけだから。つまり弁護士代りについてくれるのが家主なんですから。

その家主が訴え出た場合ですよ。たとえこうだてえば無実の罪でもそこで成立してしまうわけなんだから。家主の云い方一つによってそんな、ならず者の首なんぞ打たせようと、つなげておこうとこらァ自由自在なんで。だから法律上で俺の向うが張れるもんなら張ってみろっ、てンで家主にぐッとにらまれる。

ここで新三がびっくりするわけで、こいつはいけねえと。相手が悪い、うかつな事は云えないし……。それから今まで嘯いていた奴がおとなしくなってぺこぺこ頭を下げて。

「まあ旦那、そう怒っちゃいけません。けっして旦那の仰有る事をあたくしが厭というわけじゃありませんが、いろいろこうなったには深い理由《わけ》があるから……じゃ万事旦那にはお任せをしますから。三十両じゃ少ないからもうすこしいろをつけて頂きてえ」

いろをつけてくれってのは、金をよけい取ってくれというわけですが、もう家主の方じゃきかない。

「俺の方で三十両とちゃんと云ってあるんだから、この上いくら出せなんて間抜けな事は云えねえから。三十両でいけなきゃよせ」

……つっぱねられる。どうにもしようがない。じゃ旦那にお任せをしましょうって事になって、結局家主に抑えられるわけで。

「それではあとで迎えに来たときすぐお嬢さんを返すんだな。いいな」

と念を押す。

「へえ。大丈夫でございます」

「そうか。まあ俺も腹が立ったから少し《すこう》厭な事も云ったけれどもまあ気にするなよ。台所の鰹がうまそうだがどうだ、この話のけりがついたら片身もらうがいいか」

とこういう。と、新三の方じゃご機嫌とりで、「ええ。どうぞよろしゅうございます。じゃすぐに今持たしてやります」てェと、「いやいや。いいんだいいんだ。すぐでなくてもあとでいいよ。貰いにくるから」ってンで、家主がかえる。

と、善八が三十両の金と駕籠を一挺誂えて家主のところへ。

「お内儀さんもたいへん喜んでおいでででございまして家主の仰有った通り、三十両ここに持って参りました」

「あ、そうですか……」

金を改めて、

「いや。じゃたしかにお預り致しました」

で、家主には五両、別にお礼。おさかな代として持ってきたというわけで。

「いやどうも御心配をかけてすみません。それじゃ早い方がいいから迎えに行きましょう」

てンで、一緒に連れて新三のところへ。

「さあさあさあ、お迎えが来たからお嬢様をすぐ出せ」

と、押入れをあけさして、下剃りの勝奴がお嬢様を出す。猿轡をはめられて髪は乱れ、まことにどうも見るかげもない有様で。縄をほどかれた時に娘がもう恐いから、家主の傍へ来て小さくなっている。

「口にはめた手拭いを早く取っておあげ申せ。あなたね、世間にはばかな奴がいくらもあるんだから、これからはよくこういう事も気をつけなくちゃいけませんよ。おッ母さんから先きほど私にまで、ご心配をいただいたから、お帰りになったらよろしく仰有って下さいよ」

なんという。

いろいろありましてね。そこで駕籠へのせて娘をかえしてやるというわけで。これで、

「まあよかった、話がついて。てめえもたまには俺ンんとこへ遊びにも来い。もっとも、爺や婆ァの処に来て渋茶なんか飲んだりするよりは、綺麗な女の傍で酒でも飲んでいる方がうめえだろうからなァ」

なんて皮肉を云って、「いやどうも。お邪魔をしましたよ」って、帰りかけるから新三がびっくりして、

「旦那々々。忘れ物がある」

「何だ」

「金を置いてってくれなくちゃいけない」

「あ、そうかそうか」

てッで、それから懐へ手を突っこんで何かこうもごもごしている。

ここを芝居でしますと小判を出す、一両小判を五両ずつ、三つ分けて並べるんですが。これはつまり芝居の方で小判でやればきれいごとだし、それで一両小判でやりますがね。

本当はあの小判なんてものは使うもんじゃないんです。そりゃ通用金には違いないけれども、今の一万円札みたいにぽかぽか小判なんぞ使ってるとあれは金《きん》ですからね、だんだん減っていくわけなんです、あんまり激しく使えば。よほどまとまった金とか、そういう場合でないとあれは使わなかったものなんです。銀を使うわけですね、一分銀といいましてね。この事を額といったので。

どういうわけで額というんだってェと、天神様や何かにお堂の前のところに額があります、天満宮とか何とか書いた……。あれは縦に長くできているものですが、その額に形が似ているというところから、この一分銀のことをば額、額といったもんです。

この一分というのは一両の四分の一でございますね。今のお金でいえば二十五銭。これを百枚、ちょうど二十五両になるわけです。これを紙へ包む、それを糊ですっかりくっつけて判が押してあります。これは両替屋で作り、それを切餅を一つと云ったんです。切餅ってェのは、つまりお正月に食べるお餅の一切《ひときれ》くらいな大きさというわけで、これを切餅といったのです。

二十五両より上の計算の時にはこの切餅というものはけっしてほどかない。中を改めなくてもいい、判がちゃんと押してあるのをみればそのまま二十五両として通用するわけで。それ以下になった時にはじめて、その紙を破いてこまかにするわけです。

家主はその紙を懐ンなかで破いて勘定をしながら五両ずつ手拭いをひろげて三つずつ、こうわけるわけですね。よく勘定をして、これが五両、これが五両、これが五両なんてンんで口ン中で云いながら、さ、これでいいんだよという。

と、新三が、

「何でがす」

「いや、これでいいんだな」

「いいんだなって……」

「いや。これが五両、これが五両、これが五両だからこれでいいわけだ」

「いいえ、そりゃ違います」

「どう違う」

「三十両なんだ……」

「だから三十両あるじゃねえか」

「だってお前さん。こりゃ十五両しきゃねえ」

「だからこれが五両、これが五両、これが五両だよ。三つで三十両だ」

「そんなお前さん。わけの分らねえ勘定はねえ。五両が三つなら十五両だ」

「てめえは何か、寝惚けてるのか。しっかりしろよ。五両、五両、五両で三つだよ」

「うん」

「じゃ十五両だ。片身半分は貰うという約束になっているんだろ」

と、云われて新三が、

「片身ってェとそらァ鰹は……」

って云いかけて、「え!」とびっくりする。

「じゃ……何ですか。片身てェのは魚だけじゃねえんですか」

「当り前《めえ》だな。俺だって中へ入って、いろいろ骨を折って口をきいてるんだ。その礼として片身貰うのは当り前じゃねえか」

「じゃお前さん、三十両、三十両たって半分取っちまえば、十五両」

「当り前だな。三十両の半分は十五両と昔から決ってらァな」

新三が、「冗談じゃありませんやね。十五両でいいくらいならね、源七に花ァもたして帰してやりますよ」

「源七は源七。俺が口をきいてるんだ。これじゃいけねえのか」

「いけません。冗談じゃねえやね。……じゃそう云うんならようがすよ」

「いいって何がいい……」

「一晩でもあっしゃ抱寝した女ですから、お前さんのお世話にゃなりませんから」

てンで怒る。と、家主が今度またがらッと変って、

「このやろう。これから先きあの娘へ指一本でもさしてみろ。今度は俺が承知しねえから。とんでもねえ太え野郎だ。この長屋から出ていけ！」

って怒鳴られる。と、新三の方じゃ困ったな……って云いながら、

「どうも旦那に口をきかれた日にァ往生してしまう。何だか知らねえが、のべつに込《こ》められてばかりいる」

こめられるってのは押さえつけちゃ向うばかりの利益で、こっちにちっとも利益のないことを云う。

「何も込めも何もしやしねえじゃねえか。十五両でいけねえのか。いけなきゃ家をあけろ」

「ええ、ええ。じゃあ、ようがす。こンなンなら源七に十両で花をもたして帰《けえ》してやりゃァよかった」

一人言をいうとね、

「この野郎。男のくせに愚痴っぽい奴だ。何をぐずぐず云ってやがる。いいのかこれで」

「ええ、ええ。じゃァようがす」

てンで、出した金を新三がしまいかけると、

「まああまあ。待て待て。そうみんな持ってっちゃいけねえ。この中《うち》の五両だけは店賃に先きへ貰っておくから」

って、持ってかれちゃう。

「それじゃお前さん、十両しきゃねえ」

「愚痴を云うなよ。鰹は片身もらうよ」

と云われて、「あァ、これじゃ形《かた》ァねえ」という。

いや全く形はない。それじゃ源七が十両ばかり持って来やがったてェが、この時素直に返しゃよかったので、ごてごて云ったんで、三十両てェのを家主に二十両取られちまった。向うから家主が五両もらってるから、結局家主の懐へは二十五両入ったんで。その種を仕組んだ新三のとこへは十両しか入らないわけなんで。

ここンところの言葉のやりとりが実におかしいし、またうまくできております。ここいらはみんな、申しあげた乾坤坊良斎の作なんでございます。だいたい、この『白子屋政談』は長い。

これから新三の奴は世間へ出ちゃァ、「俺が弥太五郎源七をへこましてやった」って、自分がえらいてェところを見せたいために、ことごとに源七の事を悪く云ったり悪態をつき大きな

ことを云って、賭場やなにか歩いている。

そのことがちらちら源七の耳へ入る。あんなばかを相手にしてもしようがないと思っていながら、やっぱりそこは人間ですから。ましてそういうやくざ稼業にいた源七なんだから年を取る……まあ年をとったといったところでそんなにひどい爺さんじゃない。四十……もう五、六にはなっているんですね。だけどもう昔は五十近いていエとたいへん年寄りのように云われたもんで。人間僅か五十年といいますから。まあまあ、それが定命《じようみよう》としてあったんで。だが腹ン中じゃ口惜しくってしようがない。とうとう堪《こら》えきれなくなって、釣に行って来るというような事で雨の降る時に蓑を着て出て行く。そして新三がここを通って帰るんだなという賭場をつきとめて、深川の閻魔堂橋というところで待ち構えている。そこへ新三が賭場から帰ってくるのを、うしろから声をかける。

「おらァ弥太五郎源七だ」

ここは芝居でやりますと、二人のいろいろ科白のやりとりなぞがありましてね。新三の科白で有名な、

「その身の罪も深川で、橋の名せえも閻魔堂。鬼と云われた源七がここで命を捨てるのも、餓鬼より弱ェ商売の、地獄のかすりを取った報い、てめえも俺も遊び人、一つ釜とはいいながら劫《ごう》の秤にかけたなら、貫目は違うが入墨新三、こんな喧嘩《でいり》もそのうちに、てっきりあろうと浄

玻璃の、鏡にかけて懐中に、隠しておいたこの匕首《あいくち》、刃物がありゃァ鬼に金棒、どれ血まぶれしごとにかかろうか……」

なんという。

こりゃァもう客の喜ぶ名科白という、黙阿弥調のいいとこですね。と、源七が、

「無情を告げる八幡の、死出の山駕籠三途の川端、あたりに見る目嗅ぐ鼻の、人のねえのがもっけの幸い、この世の暇《いとま》をとらしてやろう」

という。

ここで鳴物よろしくあって二人が立ち廻りになる。新三の方は匕首を抜く。弥太五郎の方は腰に差している脇差を抜いて斬り合う。新三の肩先へざっくり斬りつける。

「斬りゃァがったな」

ってやつで、ここでチョーンと柝《き》が入って、〝吹けよ川風、あがれよすだれ〟という、この唄でもって双方見得になって、幕がしまるというわけで。こりゃァ芝居ですれば。

で、結局新三は弥太五郎源七のために殺されてしまう。しかし、芝居の方ではこの主役でございますね、立者《たてしゃ》が殺されるということはめったにないわけなんで。だけど、この芝居ではどうしても殺されなきゃならない事になっている。

そこで、こういうのはどうも気がわるい、といいましてね、役者の方では。殺されっ放しじ

ゃ何だか縁起が悪いから、そこで大岡政談ですから、この新三を演った者が今度は大岡越前守になって、この弥太五郎源七を裁くということになるわけです。

噺の方ではその帰りがけに、酒屋へ寄るわけなんです。永代橋のそばに、こりゃ自分がちょいちょい飲みに行って知ってるところ。入っていく。お爺さんとお婆さんが二人で居酒屋をしているが、なかなかそんな処には似合わずいい酒を出すというわけで。

「まあまあ、親分。こちらへいらっしゃいまし」

源七が入ると、

「あら、足へたいへん血がついていらっしゃるじゃありませんか」

と云われる。気がつくと新三を斬った時の血がついているんで、

「あァ、あんまり犬が吠えやがるんで、しようがねえから、脇差で犬を斬ったんだ」

「あァ、そりゃいけませんで。こちらでお洗いなすって下さいまし」

てンで、水を出してくれるんで足の血をすっかり落し、それから、ま、一杯のみながら世間話をして。弥太五郎源七がこないだ新三のところへ行って断られたという、いやその評判は誰でも知っているわけで。

「しかしあんな者を相手にしないで、勘弁しにくいところをあなたが我慢なすったという事で、みんなほめております。いやァ実に大親分だけあって、あなたの度量の大きなことまことに恐

れ入りましたことで」

なんという話をしている。

「いや、あんな者を相手にしたってしようがねえから……」

「私もやがて、もうじき倅が帰ってくるんでございます」

「倅さんがあったのかい」

「へえ。実は上方のほうへ行っておりましたが、久し振りで今度は江戸の方へ帰ってくるという。もう年を取りましたし、やっぱり若い者が傍にいてくれないと心細いんでございます」

「倅さんは何をしているんだい」

聞くてェとこれがつまり、目明《めあか》しといいまして、お上《かみ》の御用を……今でいう刑事ですね。それをしているとこういうんで。

「向うでもなかなか成績もあげて評判がよかったんで、今度江戸の方へ帰ってきてつとめるわけでございます」

って事を聞いて……、それから勘定をはらって表へ出る。永代橋を渡りかけて弥太五郎源七が、

「倅が帰ってくるという。こりゃいけない。明日《あした》ンなればあの閻魔堂の脇から新三の死骸が出る。誰が殺したんだろうということになれば、かえりがけに俺があすこへ寄った。足ィ血がつ

いていて、どうなすったと聞かれた時に犬を斬ったといったが、その時刻からたいていい推定をして、弥太五郎源七が斬ったてェ事をあの爺さんがしゃべる。あの夫婦の者を斬ろう」と考える。それから元へ引っ返して、それで酒屋の前へ来るてェと、もう店を閉めて夫婦の者が中で話をしているから、戸のところへ体をぴったりつけてじっと聞いていると、

「先刻親分が犬をお斬りなすったというが、何かあれ、犬の血じゃないようだったじゃないか」

と、婆さんが云うと亭主の方でたしなめる。

「これそんなことをいうんじゃない。あの親分はまことにいい方だ。たとえどんな事があろうとも人の耳に入れるんじゃァない。けっしてお前そんな事をしゃべるんじゃないよ、黙ってろ。あの親分はなかなか評判のいい方なんだから。はたで何といおうともけっしてその、人様の迷惑になるような事を云うんじゃない」

って、女房に口止めをして……そいつを聞いて、

「あァそうか。じゃやっぱり俺の事を思ってくれるんだ。それを斬ろうなんぞと思ったのは俺のまちがいだったんだ。こらァ悪い事をした。帰ろう……」

それからまた永代橋へ、

「いや、そうは云っても、自分の倅には何とかして手柄を立てさせてやりたいというのは、こ

りゃ人間人情だ。倅が帰ってくりゃ役人の親なんだから。未だに新三を殺した奴が分らない、どうだって事になればこれこれこういう事があったということをばもしも喋れば、やっぱり俺の身が危なくなる。こいつァやっぱり殺した方がいい」

思いなおして二度目にかえる。

と、帰ったときにはもう家の中は灯りも消えてしんとしている。それから戸をこじあけて蓑を着てますからそこへぬいでおき、それで暗い中でこう手探りをしてこの辺だなと見当をつけ、いきなり脇差をぬいて斬るわけです。中できゃァッという悲鳴で。そして老人とその女房と二人を殺し、それであわてて血糊をその辺にあるもので拭いて駆け出して帰ってくるわけで。

と、家へ帰るてェともう夜の引き明けに近い頃になっている。開けて中へ入り台所の方へ行って、足を洗ったり何かしていると、そこにことこと降りてくる者がある。

「誰だ」ってェと、「へえ、あたくしでございます」ってェのが白子屋の倅庄之助です。

「何をしてんだ」

「大そう遅くお帰りでございます」

「まあいい。ぐずぐず云わずに早く寝ちまえ」

って云われる。それから足をすっかり洗ってあがる。

「ああ。まあよかった」と思った時に、「あ、いけねえ。あそこへ、斬る前に蓑をぬいでおいてきた。こいつァ困った。あれがありゃァ証拠ンなるから取りにいこう」てンで、再び表へ出ようとすると、かァかァ……ってンで、烏《からす》が啼いて夜が明けてしまうわけで。こらァもう取りにいくわけにはいかない。

この辺までがたいへんに面白うございます。あとはいろいろあるんですがあまり大して面白くもないわけで。結局『大岡政談』になるとこういうわけでございますが、白子屋の噺がたいへん日本橋で長びいてしまいました。

元吉原　それから元吉原の事も少し申しあげておきます。

元吉原というのは、もと人形町の末広という席がございましたが、あすこが吉原だったんでございます。元和三年の春、相州小田原の浪人、庄司甚右衛門、一説には甚右衛門ではなく甚内だという説もございますけれども、まあ甚右衛門という方が通っているようですが。

当時はまだ江戸に私娼窟があったわけで。土地がひらけてくるとその当時の事ですからすぐに目をつけるのは、女を置いて酒でも飲まして儲けを見るという、こういう商売ならばたいていはずれっこないわけで。あっちにもこっちにもそういうものができました。

しかし市中に、そういう私娼窟が散らばっているという事はどうも取締り上、また教育上もよろしくないからというので、この甚右衛門という人が、

「これらのものを一括して廓というものをこしらえてはいかがでございましょう。それから悪い事をした奴は、そういう遊び場所をこしらえておけば必ずや……金を取り、遊びと云ャァ迂濶な所でやればすぐに目をつけられますから、だいたい大っぴらに遊べる廓というものができていりゃ入ってくるに違いないので、怪しいなと睨んだ者をすぐに、お上《かみ》へその事を訴える、政府に対して協力をする。それにまた税金なども、そうとう私の方では納めて万事お上《かみ》のために御用を勤めることにする。その代り市中に散在している私娼窟というものをば取り払い、治安をよくしていただきたい。いかがなもんでしょう」

という。つまりまあ、今でいう企画書というものをば政府へ差し出した。至極もっともなことである、それではこれに万事を頼もうというわけで、営業をさせるという許可を受けましたのでさて、その土地を何処へやったもんかと調べたんですが、まだ江戸の土地が展《ひら》けようというんですから、人家ったってそんなにありゃしません。そこで日本橋人形町のところですね。あすこへ二丁四面と申しますから、その廓内の中へつまり遊女屋を建て、ここでは公然と遊ばせる。政府で許《ゆる》可してあるものですから廓を建てた。葭《よし》の原へできた廓というんで初めは葭原と書いたんでしょうがこれはどうも具合が悪い。こういう縁起商売だからというので、今度は字を吉という字に改めて吉原とよばせるようにしたものです。

親父橋　それから申しあげました東堀留川に架かっておりました親父橋という、あすこに橋がなくてはどうも不自由で困るというので、庄司甚右衛門が一手で架けて、それで日本橋から来る人が便利で、それを渡ってくりゃ真《ま》っ直《つぐ》に吉原に出てくるというわけです。これを親父が架けた……おやじというのは廓の者が一切の世話をしてくれる甚右衛門、この人の事をばおやじ、おやじと呼んでいたわけで。おやじが架けたから親父橋という名前をつけたといいますが。

一日三千両　それで水天宮の方から小伝馬町方面へ向って今の人形町の交差点ですね。この元吉原というのが右の方なんで。左の方には芝居がありました。

ここには中村座、市村座とかあるいは、古くは薩摩座なんというあやつりの芝居があるというわけで。とにかくそらァ大した繁華街ですね。芝居があってその向うが廓ですから、それから親父橋を渡って少し行くと、江戸橋の向うが日本橋、そのたもとに魚市場があるというわけで、こりゃァどうしたって必要ですから。

食べるということ、それから見ること、それにまた男の楽しむ廓というものがある。だからそういったような川柳がいくらもありまして、一日に千両の金が落ちたという。

その頃の千両という、いわゆる徳川の政治の始まりの方ですから、たいへんな金高だったんでしょうが、一箱……一箱というと千両箱のことを云いますので、これがその廓、芝居、魚河岸という三カ所に一箱ずつ落ちる。

日に三箱鼻の上下へその下

日に三箱散る山吹は江戸の花

そう云ったような川柳がいくらもありますけれども、たいへん繁昌して賑わってきたわけで。ところがおいおいにこの繁昌してくるてェと邪魔ンなってきたわけですね。第一に困ったのが廓で、あんまりこの繁華な土地の真ん中になってきたんで、こいつァ風紀上いくら廓といってもよくないから、此処《こッ》から追っ払っちまおうじゃないかって事になったんでしょう。

新吉原　そこでまあ政府の方針で何処へやろう、浅草がいいだろうという事になって、浅草の方へ替地を命ずるというんですが、こいつァおどろきましたね。とにかく日本橋のそばで、中心地で商売をしていたものが当時浅草観音様のうしろの方なんぞ、あすこいらは田圃《たんぼ》ばかりですから、そんなところへボイコクられると非常な不便を感じなくちゃならない。けれどもその当時だから赤い旗を振って、我々は絶対立ち退き反対であるなンてね、メガホンで怒鳴るなんてわけにはいきません。そんな事をすりゃ本当に首をぼかぼか打たれちまう。仕方がないからもちろん、政府から移転料も出ましたが、拠《よんどころ》無く、吉原というものができて三十八年目に浅草の方へ引き移ったというわけです。

浅草の方へ行ってこれに新吉原という名前がつきました。もと廓のあったところを元吉原と申しますので、これらはまあ普通の町家になりまして、商売をしておいおい繁栄を極めるようになる。

魚河岸移転　元吉原も五丁町と称えたそうですが、江戸町一丁目、二丁目、京町一丁目、二丁目、揚屋町の五丁で……元和三年に許可をうけたというから一六一七年で、明暦二年に所替を命ぜられたので、翌年の八月から浅草で開業したというから一六五七年になります。それで元吉原の跡は、住吉町、和泉町、浪花町、高砂町、の四丁になりました。その前が芝居町ですが、しまいには芝居もどうもここにあっちゃいけないからと云うような事で、天保十二年という、一八四一年に浅草の猿若町に引移りました。魚河岸だけはまあ依然として商売をしておりましたが、これもだんだんあそこでは具合が悪いというんで、日本橋から今の築地の方へ移転を命ぜられたというわけで。これァまァ私どもが知ってから、あの魚河岸というものが越したんでございます。

日本橋の周辺も大正十二年の大震災前には、まだ江戸というおもむきが残っていました。橋の南側……つまり東急のある方の河岸っぷちには、古い蔵がズラリと並んでいまして、魚河岸のものなんでしょうが……大正十二年以後はガラッと変りました。

では南側の方から京橋へ向うことに致しましょう。

京橋

式部小路の湯又　今の日本橋交差点から京橋寄り一つ目の横丁、左へ曲ったところ。ここを式部小路といったそうです。ここに湯屋の又さんという人があった。お湯屋をしていたんですが、『芝居風呂』という噺がありまして。これは落語の系図がありましてちゃんと出ていますが、湯又という。湯屋の又さんだから湯又。この人は寄席へ出たんですね。落語もやったし、芝居好きな人であったので。『芝居風呂』という噺は、湯又という人がこしらえたんだといいますが、芝居がかりでお湯へ入り、そしてしまいには立ち廻りになり、素ッ裸のまま立ち廻りをするのですから、この時は片ッぽの手で必ず前のところを押さえるという形がある。他の芝居噺と違って、これは非常に面白いのですね。大見得を切ってさァーッと両手を上げて見得を切るときに、ひょいと前を見て慌てて今度は前のところを両手で押さえて、〝からん〟と見得を切る。ごく粋なもんでございますが。あたくしもこの『芝居風呂』というものは、若い時分やった事がありますが。

檜物町　それから檜物町《ひものちょう》という町名が日本橋の交差点から、京橋へ向い三つ目くらい、右の方に曲ったところにあったもんで。これが有名なのは、常磐津文字太夫という人がここに住んでいたというので、昔は常磐津をほめるときには「よう、檜物町」と声をかけた。お前さんはつまり上手《うま》い、家元そっくりだよというような……まあ相手をそれだけ持ちゃげたほめ方なんでしょうな。

清元でございましたら、晩年は高輪に家元が住んだので、〝高輪ァ〟なんて、声がかかりましたが。〝檜物町〟というのは、たいへんその言葉の調子もよろしいんで、これは私どももよくやったもんですよ。

昔なら常磐津を〝檜物町〟とほめたが、今は呉服橋三丁目になっている。唄のいいところがあって「よう、呉服町三丁目通りッ……」どん、どん、と太鼓を叩いて……。これじゃ火事の知らせみたいになるという。くすぐりに使ったもんですが……。そういう町名もなくなってしまいました。

金沢亭　それから京橋を渡りましてすぐ左側の、河岸でなく、そのもう一つ先きの横丁を左へ入るとそこに金沢亭という寄席がありまして、これは有名なもので私も勤めて知っておりますが、二階席……ですね。三百、まァ四百人ぐらいは入りましたね、優にそのくらいは入れるという。

銭湯の買切　これは圓朝などがかかりましてたいへんに大入りを取ったということですが、圓朝のかかった時は隣りがお湯屋で、夜になるてェとその時分だから大きな声で唄をうたったり何かする。これが往来まで反響して聞こえるわけなんです。圓朝が人情噺を、しとしと演ってるのにこの唄ってる大きな声が……聞いているお客の方でうるさくってしようがない。そこで夜の九時以後はお湯屋を買い切ってしまったということです。

こりゃァ偉いもんですね。いかに物価の安い時分としても、それから以後三時間ぐらいはやはり商売をするでしょう。それを全部買い切って、しかも席の方でそれで利益があるという事はよほど、お客様が入らなくちゃ採算がとれませんことで。それだけに圓朝というものは大したもんでございます。

圓朝の宗家　この圓朝をご贔屓になりましたのが大根河岸に三周さんと仰有る、ここへこの三遊亭圓朝という名前をあずけてありまして。だから他の名前はともかくもこの圓朝という名前は、噺家でありながら我々の自由にはならない。宗家といいまして、この三周さんでお預りになっている。

あたくしも三周屋という屋号だと思っておりましたら、伺いましたところ三河屋というのが本当の名前なんだということです。三河の国からは昔、家康公が江戸へ出た時にはみんなお供をして来た。殿様を慕って国を捨てて新しく今度殿様のご領地になった江戸へ出てきたというわけですが。

だからその三河屋なんという屋号はずいぶんございます。神田三河町なんてえのもありましたが、やはりそれは三河の国から出てきてそれらが土着をした人が多かったというんで、神田三河町というような地名もできたんでしょうが。

やはり三河の国から出て、三河屋という。現在の御当主は藤浦富太郎と仰有いまして、青果株式会社の会長でいらっしゃいます。そのお祖父《じい》さんを三河屋周助といったそうです。その次が周吉という……この周吉という方が圓朝をたいそうご贔屓になった。今大根河岸といいましてもね、分りませんが。

日本橋の方から行って、京橋の前後でございますね、右側。ずうーッとその一角を大根河岸という、青果市場だったんです。とにかく中心部であり、神田の多町、この大根河岸というものはたいへん盛ったもので、ここでつまり青物問屋をしていらっしゃったんです。

芝居はもちろんのこと落語が好きで、ことに圓朝をご贔屓になって圓朝ばかりでなく、その弟子一同がみんな金沢へ行くてェと必ず三河屋さんへ伺う。それでもう、ご定法みたいになってみんなここでご膳を頂くんですってね。昼席から夜席へ行く。もう遠慮なく家へきて飯を食えというようなことで。また、遠慮なく大勢どかどか行った。その度に奥さんがたいへんだったろうと思いますが、忙しいことでしょう。まァ噺家がくる、これを世話をしてやらなきゃならないというようなわけで。ですから圓朝の息のかかった者てえとみんなここでご厄介になったというわけです。

申しあげたように三河屋周吉というのが本当の名前なんで。苗字は藤浦というんでございますが、昔は町人であればやはり屋号とその使っている名前、これがまァ表立って世間へ通用するわけなんですが。だから三河屋だから、どっさり三河屋があり間違える。それで三河屋の上の三と、それから周吉というこの周の字をとってそれで三周屋といったそうです。

だから伺ったところがあの、しんにゅうのついた「週」という字も使い、あるいは「周」という字ですね、それも使った事がある。書いたものによっていろんなものがあるそうですが。それからのちには一つの〝号〟みたいに使われたこともあるそうです、三周というのを。仮に伊勢屋久兵衛ならば伊勢久というような、三河屋周吉だから三周。それで三周さん、三周さん。

晩年の圓朝　この方は申しあげたように圓朝をご贔屓になった。圓朝という人は晩年になりまして、寄席の方にはまるっきり出なくなってしまった。そして何といってももう寄席へは出ない。どういうわけか聞いてみたところが、「自分は近頃まずくなった。だから圓朝というものはうまいんだとお客様の方で信用をして来て下さる。それに対してまずい芸を聞かしてはまことに申し訳がない。だから寄席へは出ない」と、こう云うんだそうですが。

第三者から聞けばけっしてまずくなったわけでも何でもないんです。これは思うに体力の衰えではないんでしょうかね。その当時ですからもう五十を過ぎますと、つまり老人の部へ入る。人間僅か五十年と云った。まあ五十で死ねば早死をしたとは云わなかったんで。今は早死ですよ、ねえ。平均年齢が伸びておりますから。

しかし圓朝師なぞも圓朝翁なぞと書いたものもある。じゃァいくつぐらいなんだてェとまだ四十五、六なんですね、その当時。しかも翁という字をつけられた。それで世間もけっして不思議とは思わなかったわけで、当然の事であり、これは相手を尊敬をしてつまり圓朝翁と書いたんでしょう。年から云やァまだ若いわけなんで。だから一般的に年齢よりは老《ふ》けてみえるという傾向がありました。

だから芸がまずいんではなくして、ここを力を入れようと思ったところが十《とお》入ったものが八つぐらいしきゃ入らなくなった、それをご自分では芸が下ったのだと思ったのかも知れませんね。まあ、昔のようにはやれなくなったというわけで。そこで、寄席へ出ない。

じゃ生活の方はどうするのか……そんなに財産なんぞ持っていないんだから、だいたいが金には淡白な方で。つまり金を貯めようとか、残そうとかいう料簡はなかったらしい。ですからお葬式《とむらい》を出そうといっても弟子中で金を集めたり、奔走をしてまあお葬式を出したというくらい。すでにもうそれまでに使ってしまったから。

速記本のはじめ　一時、圓朝というものはとぶ鳥を落すくらい大した勢いで。それにあの例の本ですね、速記本というものがある。これをやったのが圓朝がはじめてでございます。速記術というものが外国から入ってきて、これを日本へなおして応用するようになった。その時第一に速記をやろうと云ったのが圓朝でございまして、まァ実に偉いもんですね頭が。そして自分の噺を速記にさした。

　だから圓朝のものは冗長にすぎるなんてェ事を仰有った方がある。つまり何となく長い。しかし文章で読ませるために拵えたんではない。高座で喋ってお客様に聞かせるという。だからいっぺんにすッと云っちまったんじゃどうもわけの分らないところがある。そこを分るようにちゃァんと噺の方はしなくちゃならない。それをそのまゝま速記にして読物として出したんですから、多少は冗長にすぎるところがあるかも知れません。けれどもなかなかあれだけのものはできないと云って、宇野信夫先生なぞも、圓朝の事はしきりにほめていらっしゃる。亡くなりました久保田万太郎先生なぞもやはり、今の大衆作家にあれだけのものはなかなか書けやしないと話をしておりました。

　そういう専門家から見ても、書くだけでもすぐれていたんです。しかもそれを喋ってお客を感動させるという、いや実に大したもんで。まあ晩年になってもやはりあれこれといって想を練っては新しいものもこしらえられた。しかし生涯にとうとう高座へはかけずにすんで、その作品だけが残っているというのもありますけれども。『名人長二』などというのは、本当は師匠は高座ではやらなかったと云いますが。こりゃァやはり残っております、圓朝作として。たしかにこしらえたには違いなかったが、そういったようなわけで高座には掛けなかった。

何しろ噺家が寄席へ出なくちゃ収入の道がないわけで、そこでいろいろなものを持ってきて三周さんへ買ってくれという。圓朝がもって来るので、しょうがないから買うんだそうですね、まあこのくらいならよかろうという値段で買う。しばらくたつとまた持ってきてこれを買ってくれという。そうしちゃちびちびもっているものを売り食いをするというようなわけで。

それで寄席へ出れば儲かるのに依然として出ないという。まあ我々から考えりゃァ不思議ですけれども、それだけに自分の芸というものを大切にした。けっしておろそかにやるべきものではないと、圓朝というものの名声を高めた。今さらあァもういけないと云われるのは厭だという。とにかく芯の強情なとこがあったのでしょうね。

圓朝の引越し好き　それから引越しの好きな方で……好きなのかどうなんですか。せっかく新宿へ越して、ご自分の気に入った家をこしらえたんですが、これはあたくしが三周のご当主の藤浦さんにお聞きしたのですが、何かその圓朝師は自分がいる所に飽きるのか……何処《どッ》か越そうというわけで。まあ、晩年には自分で新しくまた家を建て、どうこうという事もできなくなり、何処へか越したいというので。

そこで馬越恭平でしたかね、財界で有名な方で、その隠居所があいてるから越さないかと云われて。拝見したところがまことに気に入ったので。それじゃお宅の方へおいていただきたいというので。

馬越さんでも喜んだ……。そうでしょう、自分のところに圓朝がいるという。まあこれは、一つの自慢てェのはおかしいけれども、向うも喜んで貸したんです。ところが家賃を取らないんです。

そりゃ向うは財界で偉い人だし、別に家賃を取ってそれでどうこうというよりも、圓朝が住んでいるという事だけで向うはいいわけだから。そんなものは要らないと云って取らなかったら、すぐまたほかへ越すと云い出した。つまり無料《ただ》おいてもらうというような事は厭だというわけなんです。それでまた他へ越したというような、まことに変ったところのある師匠で。

それに圓朝を大師匠《おおししょう》といいますが……あたくしどもでは直弟子はみんな師匠という。孫弟子になるてェと大師匠。大《おお》の字をつけるわけですね。今じゃ大《だい》師匠なんてェますがね。大《だい》と読んじゃいけない、ありゃ大《おお》と読まなくちゃいけません。私の師匠である四代目橘家圓蔵、これが孫弟子ですから玄孫《ひこ》ンなるわけですね。だから大大《おおおお》師匠と云わなくちゃいけない。面倒くさい……。

圓朝の寝相　圓朝に一朝というお弟子がありました。晩年あたくしなど噺を教えてもらいましたが。この人は圓朝師の弟子になって、圓朝というものが育っていこうという、もちろんご維新前のことで。蒲団を並べて敷いて寝ながら噺のことを、あァだ、こうだと云っていろいろ師匠から教わったという事を聞いておりますが。

この人が話をしたのに、

「家の師匠は行儀がいいと云われているが、あぐらというものは絶対にかいた事がない。きちんと坐ってそれでまことに礼儀正しく、無作法な事は絶対しなかった。だけどもあれで家の師匠は本当はあんまり行儀はよくないんだ」とこういう。

「どうしてです」って聞いたら、

「夜寝てるとその寝相の悪いってェ事はない」って云うんですね。

つまり昼間窮屈にしているから寝相が悪いので、本当に行儀のいい人だったら寝てもやはり行儀がよくなくちゃならない。それが寝相が非常に悪かった。だから本当に行儀のいい人じゃないと云いましたが、あたくしはそれならなお偉い人だと思った。

生れつき行儀のいい人が行儀よくしているのはこりゃ自然なんですが、行儀の悪いものがよくしているという事はね、こりゃとても耐えられないことなんです。われわれ半日、行儀よくしていろと云われたらもう勘弁してくれって謝りますよ。それがあなた、生涯それで通したという、いかにどうも意志の強い方であったか……偉いもんだと思いましたが。

井上馨と圓朝　それからもう一つ、私はこの師匠で偉いと思ったのは、当時ご贔屓になっていたお客様がずいぶんありましょうが、とくに井上馨侯ですが、圓朝を非常にご贔屓になって方々へまた一緒に行ったそうですが。

北海道へ井上侯が行かれたことがある。まあ、あちらを視察するというんでしょうか、ご承知の通り明治の元勲と云われ、何しろ指折りの偉い方なんですから、これが北海道をつまりずうーッと視て歩くというわけで、各所でえらい歓迎で。その一行の中に圓朝師も同行したというわけで。

向うへ行くてェととにかく、有名な圓朝が一緒に来た。井上侯に願って圓朝に一つ一席ここでしゃべらせたい、そいつを聞きたいというので。それで井上侯に、どうか圓朝に一席演るように井上侯から一つ云っていただきたいとこう云った。ところが、

「いやァ、あれはあたしが贔屓だといって連れてきたものではない。友人として一緒に来てもらったんだ。だからあたしから命令的に噺をしろなんて事は云えない。当人に聞いてごらん。当人がもし演《や》るといったらいいが、もし厭だといったら仕方がない。あたしからそんな命令をする力はないので当人に聞け」

といわれて、向うでもおどろいて。それから圓朝に会って、

「ぜひ師匠の噺を聞きたいというものが大勢いるので。一席、願《ごぜん》えないだろうか」

と云ったところが、

「結構でございます。それでは一席申し上げます」というわけで。

そこでみんなあつまって圓朝が噺をすると、一同が喜んだ。実にどうも結構なものだ。一席だけじゃ何だからもう一席聞かしてくれないかと二席やったんで。そして向うもたいへん喜んだが、これはお礼をしなくちゃならない。いくら払ったらいいだろうてンで……わからないから井上侯に伺ったらよかろうてンで、

「どのくらい、井上侯《ごぜん》。圓朝に払ったもんでございましょうか」って聞いたら、

「そうだな。わしにもよく分らんけれども、越路太夫が一段語ってあれが百円だった……」

越路太夫という、明治時代の義太夫語り、のちにこの人は摂津大掾となりまして、ま、近年の義太夫では名人といわれた人で、

「一段百円だった」

「はァ」

「で、圓朝もこれと並んでけっして劣らない。同格の名人であるから、じゃまァ一席百円払ったらよかろう」と、二席で二百円。

向うでおどろいたそうですね。とにかくあなた、明治のまだ始まりですから、二百円なんて金はもう厖大なもんなんで。だけどもそう云われて、それは高いからいけませんとも云えない

し「へえ」といったが……。仕方がないから二百円包んで圓朝に出した。

圓朝があとで笑って、井上侯に云ったそうで。

「あたくしはこんなに頂いた事は初めてでございます」

「いや、しかし越路が百円なんだから、君も百円とるのは当り前だ」と云ったんですが。

越路太夫が百円ったってこりゃ三味線弾きもいれば、そのお供なんてえものはたいへんなもんですからね。少なくとも七、八人。十人ぐらいの人がかかって、これらにもみんなそのお給金をやるわけなんですから、一人で百円とったわけじゃない。ところが圓朝は一席で百円、二席でもって二百円。向うでも高いもんだってンで、演らしてはみたけれどもびっくりしたというような話もありますが。圓朝は金銭のことにはまことに恬淡《てんたん》な人でした。


大臣、財閥の奉賀帳　だから井上侯が、その圓朝が近頃困ってきたという事も薄々わかって、非常に心配されたのですね、どうしたらよかろう。侯が考えた末に、あたしはいくらいくら出すが、もし奉賀帳をこしらえてまわしたら君はどのくらい出してくれるというような事を、当時の伊藤博文、松方侯だとか、とにかく政界で偉い方、それから財界では安田、あるいは三井何々、岩崎何々、大勢みなこりゃ圓朝のご贔屓ですから、これらに話をしたところがみなよろしいと賛成した。まあそれなら私はこのくらい出すとか、何とか云うのでざっと勘定したところが当時の金で十五万円くらいは集まるといったんで。たいへんなもんですね、明治ですからね。まだ一万円もあれば三人や四人家族が、利子だけでらくらくと暮せたんだそうです。銀行利子で。その時代の十五万円くらいあつまるという、莫大な金で。

これならば圓朝も生涯、困るようなこともなかろうから。そうしてやりたいと、あらましァ話も方々へしたし、あるとき井上侯の屋敷に圓朝が来たときに、実はこういう話があるが、けっして師匠を困らせるようなことはないから、ま、安心をしておくれというように話をしたところが、何かこう浮かぬ顔で聞いていたが、

「思召しはありがとうございますがどうぞもう、ご心配下さいませんように」という。

「まあそんな事を云わないで、とにかくこれからその実行に移《かか》ろうと思う」

と云ったら、そこそこに圓朝が暇をとってすうーッと帰ってしまった。

それからてェものは手紙をやっても返事もよこさない。そんな事はけっして今までない、無礼な人じゃない。手紙を出せば必ずすぐに返事を書いてよこす。そして来てくれと言えば必ず来ていたものが、何と云ってもこないんですってね。迎いにやっても、その日は支障《さしつかえ》があって伺えないとか、じゃァその翌日でもいい、いえそれもやはり支障があって伺えません、いずれ伺います、というような漠たる事を云って、いっこうに圓朝が井上侯のところに寄りつかないわけで。

心配をしたんで。どうしたらいいだろうという。ところが他に方法がないので。井上侯がふ

と思いついたのはこの大根河岸の三周という人は、たいへんに圓朝とは親しいし、とにかく何事によらず圓朝は相談もし、すべての事にまず圓朝の身のまわりの世話をしているという話を知っているから、三周さんに都合のいい日に来てくれという、井上侯からの使いがあったわけで。

三周さんが井上侯の屋敷へ行ったそうですよ。くさやの干物を土産に持ってったという、さすがにどうも江戸ッ子ですね。そういうお屋敷なんぞへ、くさやの干物なんぞあんまり入らないでしょう。たいへんこれは結構なもんだといって井上さんがお喜びになったそうです。

時にまァ何のご用ですてェと、

「実はこれこれで圓朝がまるっきりどうしても来ない。私も気にしているんだが、実はせんだってこうこうこういうわけで、圓朝に話をしたところがそれっきり何といっても来ない。困ったのであなたはたいへんに圓朝とは特別の、親しい間柄だというから、圓朝にどういう考えがあるのか聞いてみてくれろ」と……。

「じゃァよろしゅうございます」てンで、三周さんが圓朝師に会って話をしたところ、つまりはっきりした事は云わないが、圓朝のはらにしてみれば芸をやってお金をいただく、それは自分の業でもあり当然なことでもある。けれども自分も三遊亭圓朝である。いかに困っても人のあわれみは受けない。私も一流だと……。政界で一流でも、噺家で一流でも、財界で一流でも、一流に変りはないという。まあ今でいうとプライドでしょうね。それを傷つけられたというような事なんだと思う。

まあ理屈ばった事は云わない、圓朝はおだやかな人ですから。けれどもまァ汲みとったところが、言葉には出さないがそうらしいという事をば三周さんには分ったわけで。じゃ私からその事を話をするからといって、井上さんにこの事を云った。

「いや、まことに申し訳なかった。では絶対にそういう事はなしにするから、どうか今まで通り圓朝に来てもらいたい」

というので、再び圓朝師のところへ行って、

「井上さんの方で先だっての話は取り消すから、今まで通りやっぱり来るようにという。どうだろう」と云ったところが、

「それさえございませんければ、私はお伺いをいたします」

という事で、それで圓朝を連れて三周さんが井上侯のところに行って、互いにまあそこで話をして円満に解決がついたってわけなんです。

井上侯は別に圓朝を見下したわけではないがご贔屓でもありするから、困らないようにてンで話をしたわけで。だからご厚意はまことにありがたいけれども、圓朝は人のあわれみを受けないという……。今申しあげたようなわけで、実に偉いもんですね。私なんざ、もう喜んでも

らう、本当に。嘘だと思ったらくれる方があったらもらいますよ……。

つまり云えば芸人である。だからご贔屓から何かものをもらうとか……、いただいたっていいんです。恥じゃァないんです、普通ならば。しかも相手は政界財界の一流の人ばかりなんだから、それらがみんな贔屓であり圓朝を困らしてはかわいそうだ、あれだけの芸人であるから、どうかまあ生活なんぞには苦労のないよう、楽々と生活のできるようにさしてやりたいという好意で云ったわけなんです。ところがそれは圓朝は受けなかったという、そこがどうも圓朝という人は偉いもんだと思います。

圓朝は継げない　圓朝という名前は三周さんへ死ぬ前に当人がたのんで、預ってくれというわけで。だから圓朝という名前は噺家の名前でありながら噺家にはどうにもならないんです。

ですから藤浦さんを宗家と申しまして、三遊を名のる者はあちらは宗家といいまして、何かまず圓朝に関係のあった時には第一に相談もしなくちゃならないし、それから圓朝の名をつけさしてくれと……まァそんな事を云う人はありませんが仮にあるとしても、向うでこの人なら継いでもいいというような人ができればくれるわけでしょう、預ったもんだから。しかしないでしょう、おそらくは。できるわけがないとあたくしは思います。

申しあげたように創作が第一にできなくてはいけない。それから創作だけではいけない。喋って、実にそのすぐれた芸を持ち、行儀よくって、無欲で、字が上手《うま》くって、絵が描けて、庭なんぞもやはりこしらえる。こしらえるったって自分で泥をやってどうするってンじゃないんですが。つまり設計ですね。家などもやはり建築法もちゃんと知っていたというんです。それだから新宿北裏に建てました家は、庭から建て方はどうという事もちゃんと設計したってンですから。何から何までできたんですね。

おかしい話がありまして。あるお屋敷から馬を引っぱって圓朝の処へ来たわけで。

「どうぞこの馬へ乗っておいで下さい」

てンで。圓朝はびっくりしたので。

「私は馬へは乗れませんからせっかくながら、これはどうぞご辞退をいたします」

と云ったら、向うでけげんな顔をしたという。

何故そんな事をしたのかと云うと、圓朝の噺を聞いているとこの人はよほど、馬術は達人だと思ったんでしょう。だから馬で迎えに来たので。そうではなく草刈正五郎という、明治陛下に馬術のご指導を申しあげた先生がある。この草刈先生から、馬術について圓朝はくわしく話を聞いたわけなんですね。馬というものはこういうものだから、こうやって扱って、こうやって乗って、こうだと云う事をいろいろと聞いて。頭のいい人で全部それを頭に入れて、これをうまく喋るから聞いているとこの人は、馬はよほど乗れるんだなと思ったのでしょう。

剣術は山岡鉄舟、槍は高橋泥舟、というような当時まァ、剣を持たしても槍を持たしても馬術でも、一流の先生がご贔屓なんですから会っていろんな話を聞いて、それを全部自分の頭の中で同化《こな》して、こうだと云ってうまく話をするから、この人はよほど剣術もできりゃ槍も使えれば薙刀もできる、弓も引くし……何でもできそうなんですが、そりゃァそうはいかない……。けれども噺を聞いているうちにそう感じさしたというんですから、いやどうも、実にその話術の力というものはえらいもんでございます。

それから今のご当主でいらっしゃる藤浦富太郎さん、この方は圓朝をよくご存知で。もうすでに圓朝を聞いたという人はほとんどいないかも知れません。

鏑木清方　亡くなりました鏑木清方先生はよくご存知でございました。あのお方は條野採菊という方、やまと新聞の社長だったんですが、その方のご子息で若い時分から圓朝とはよく知っているし、旅になんぞ行ったことがあるそうで。二十ぐらいな時ですが、あの鏑木先生が。ですから圓朝のことはやはり鏑木先生は、師匠々々と云っていらっしゃいました。あたくしがいつか鎌倉においでになる先生のお宅へ伺いまして、我々は圓朝について話は聞くけれども、いったいどういうような話し方で、どのくらいうまかったのか分らない。鏑木先生はよくご存知だろうから、その当時まだ藤浦さんをあたくしは存じあげなかったわけで。そこで、鏑木先生には私はご贔屓になっておりましたから、電話をかけていかがでしょうといったら、何月の幾日、その日はよろしいというわけで。それから鎌倉のお宅まで行きました。

いやどうも、実に恐れ入ったもので。圓朝の描いた軸をちゃんと掛けまして、そして上座の方へ座布団を敷いて。先生は下座《しもざ》の方におすわりになって、「ま、どうぞこちらの方に」てンで……。どうもこちらの方が恐縮をいたしました。

向うは芸術院会員であり偉い先生で。あたくしなんかとはそれはあなた、桁が違うんですから。とても私はそんな上座では困りますから、と云っても「まあまあ」といって、お聞きにならないので、仕方がないからまあそこへ坐ると、圓朝の事をあれこれといろいろ話をして下さいましたが、

「先生。何ですか、師匠はどういううまさだったんです」

なんて、つまらない事を聞きましたが、

「さ、どうと云って口では云えませんけれども、まどうも実にその人物の表現のうまさはこの人はこう云う人だな、と思うような。塩原多助なんぞも聞いたが何とも云えない、うまいもんだ」

ということを……。あたくしどもが名人と思っている橘家圓喬のことも聞きましたが。

「あれはどうも師匠を張っている」

師匠というのは圓朝で、その弟子ですからまあ、真似をするんですね。少しこう猫背なところから、品がいいというところをば似させようと思ってやっている。そういうところがどうも、

先生に云わせるとよくないってンですね。もっと自分流にやればかえっていいのに、変にその品をよくしようと思って無理矢理なところが見えるという。そんな話もなさいましたが。

「はァそうかな。あんなにうまくってもそうなのか」

と思って、してみるとその圓朝師匠ってものは、大したものだなあと思って伺ったことがありますが。

その後あたくしは藤浦さんにもお目にかかることができまして、それからま、いろんな事を伺いましたが、今の藤浦さんが十四の時に圓朝は亡くなりました。

明治三十三年八月十一日がちょうどその命日でございまして。で、あたくしは三十三年九月三日に生まれて僅かの違いです。けれどもとうとう会えなかったわけですが、あたくしがオギャァッってンで産声をあげたときは、もう向うはいなくなってる。……ことによるとあたくしは圓朝の生れ代りではないかと秘《ひそ》かに思ったことがある。……なんてね……それァまァ嘘ですよ。しかしあんな偉い人はなかなかそうできるもんじゃありません。

今の藤浦さんという方も実にまた、頭のいい方でいらっしゃいまして。それにまァ見たところ今でもそうですね。せいぜいみて七十は越しているか、七十二、三かなァなんかと思いますが、お年を伺ったら九十二だというんですがね。

なるほど、明治三十三年のときに十四だったという、それから計算をしてみるとはっきり分ります。とにかく、見たところ実に若いんですね。若いといって腰なんぞ曲っていない、ピンとしている。そして足もまだしっかりしていらっしゃるし、目もいいし耳も遠くないし、それと記憶のいい事といったら、何か話を伺うてェと、芝居の話なんかで、

「あァあれね。明治何年、何年で何月に……」

外題をちゃんと云って、

「あの時の配役は、だれそれが何を演って、この役はあれがやって」

という。これがね、淀みなくすらすらすらすら書いてあるものを読んでいるように、おっしゃるんですが、本当にそれがちっとも間違いはないんだから。

「実にどうも旦那は頭がいいんですね」

てンで、いつか感心をして云ったら、

「いやァ、他に能がないからね、こんな事ぐらい覚えているんだろう」

なんて、冗談をおっしゃっていましたがとんでもない事で。

われわれは商売の事でさえも、時折り噺なんぞひょっと忘れてしまったりなんぞ……いやもう、いわゆる老化現象てェ奴でしてね。ふだんやってることでも、ひょッとその出なくなるんですが、こらァ年齢でどうにもしようがないんで。だから長生きをするてェますが、人間長生きをする事も結構ですが、体が悪くなっちゃったり、床へ寝たっきりで十何年生きてたなんて

えのも、それはつまらないんですね。やはり健康であって、何処も悪くなく長生きをするてェ事は、こらァもういくつまで生きていたってありがたい事なんですが、なかなか藤浦さんのようなああいうふうにはいかないもんだと思いましたし……。

つくづくどうもお目にかかるたびに驚くばかりで、何時までたってもちっとも変りがないように思いますが。ただ変りがあるのは近頃ステッキなんぞをおつきになりますがね。昔ァあんなものは使わなかったんで。昔ッたって四、五年前でしたが銀座の松坂屋なんぞへ買物にいらっしゃる。

青果会社から二キロか、二キロもうちょっとあるかも知れませんね。でもそれで平気で歩いていらっしゃるんです。

松坂屋で「どちらへ」ってェと、「いやァ。ちょっと買物に来たんだよ」なんて、「車を待たしてあるんですか」ったら、「いやァ車なんぞへ乗らない。歩いてきた」

買物をしてぶらぶら歩いて帰る、とこういうんで。びっくりしましたね。行き帰り四キロ、一里ですからね。私どもでも、どうもそれじゃくたぶれるからってンで、何か乗りますけれども、ああいうところはどうも丈夫な方てえのは違うんだと思った……それから記憶のいいこと、びっくりいたします。

よいよいの唐茄子　この大根河岸で昔は暮れの二十九日に市がたったんです。これがもう江戸時代からありました歳の市の最終でございました。

あるときにいろんな話をしましたが昔からあの、唐茄子を食って、よいよい、になるって事を云いますが、どういうなんでしょうって聞いたら、ありゃよいよいになるんじゃなくって、よいよいにならないというお呪《まじな》いなんで。冬至の日に唐茄子を食うと、よいよいにならない呪いだと云う。そしてあの市で売るときに、『よいよい買わねえか、よいよい買わねえか』って、売るんだそうですがね、唐茄子を売るときに。

それから寄席へ昔、出ておりました噺家で〝あほだら経〟というものを演った人がある。いろんな文句を並べて喋る。その中に、

唐茄子食ってよいよいンなって

きゅうり食って河童になって

みょうが食って馬鹿ンなった

という文句がある。きゅうりを食って河童ンなったって、これはね、昔はそういうなんかが本当にあったんだそうですね。

きゅうりを三本川の中へ、結《ゆ》わくんですかばらばらにするんですか、それは分りませんが川へ放り込むわけですね。これは河童へつまりご進物です。と、泳いで河童に尻子玉を抜かれないという。へんな事を云ったもんですね……。

だいたい、河童ってものがあるんですか？　……ないんですかね。絵で見た事はあるが、本物はおそらくはないんでしょうねえ。だけどあの、河童のどうかしたというような本も出ておりますし、絵ではよく描いてありますが。頭の真ン中のところへ何か、お皿ってンですか、エェ禿げてるような剃ったような、それで周りにこう毛がはえていて、河童ってものがある、たいへん泳ぎがうまいんですね。

つまりあの泳いでると尻子玉を抜かれるなんという。第一尻子玉というものはどういうものだか分らない。肛門の中にそういうものがあるんですか、何か。そいつを河童に抜かれるなんという。それをやられないように河童へ、まあ……つまりお世辞に、「こいつをまあ召上って下さい」てな事で、きゅうりを三本放りこむ。そんな事があったんですね。

それから戸隠《とがくし》さまに梨をあげるてェと虫歯にならないとか、虫歯のなおるお呪いだとかいって、江戸時代にはそういう面白いしきたりがいくらもあったもんでございます。

唐茄子というものは何か、千葉県でございましたかね、富津というところから産出《で》るのがいいんだそうです。かぼちゃよりはいくらか小型のもので、これを唐茄子というんだそうです。

桂太郎と桂小南　京橋の金沢で思い出しましたのが桂太郎内閣。桂内閣を倒せというのでこれがたいへん騒ぎまして、日比谷から銀座あたりへ群衆が殺到して、騒ぎ立った事がある。

（注・大正二年、二月十日の事にて、第三次桂内閣の折、護憲派の民衆により襲われ、交番焼失五十二、破壊二十四の事件あり、

桂首相、内閣総辞職をなす、三日間停会命令、民衆、政府系新聞社、警察を襲撃し、軍隊出動す・一九一三年）

その時に大阪から来た桂小南という、この人は本名若田秀吉といいましたが、なかなか体格の立派な人で、人力車の提灯へただ一字〝桂〟と書いてある。銀座通りを小南の人力車が金沢亭へ向って行くと、これを見た群衆が総理大臣と間違えて銀座通りで、「ほら。桂の車だ」ってンで取り巻いたんですが。

この時に小南が驚いて、車から立ち上って、

「いや。ああ、わたいはあの噺家だんね。大阪から来た桂小南という噺家だす」

てンで、必死ンなって怒鳴ったんで。すると中に顔を知ってる者があって、

「ああ噺家だ、噺家だ」

ってンで……それでまあ助かったてェ話がありますが、こりゃァ実に自然の滑稽でございましたが、ただし小南は驚いたそうです……。この桂小南という人はたいへん落ち着いた大優《たいゆう》とした人で。

いつでしたか、桂小南さんの家が焼けた事がある。電話が掛ってきて、今家が焼けたというので。当人はちょうど高座へあがって噺をしているので。小南がおりてきたので前座が、

「師匠。今お宅が焼けたという電話がございまして。お宅が焼けました」

ったら、小南が、

「ああ、焼けたか」

って……暫時考えて、

「うーん、困ったなァ。今夜は何処で寝るのやなあ」

と云ったんです。周囲《まわり》の人も唖然とした。焼けた事は吃驚《びっくり》しないで、今夜何処で寝るんだってンでね……その方を心配しているという、そりゃもう落ち着いた人でしたよ。

食糧事情が非常に窮迫して参りましたあの戦前の、昭和十七、八年頃でしたか。もう何処へ行っても食物《くいもン》の話ばかりして、何か美味《うま》いものを食いたいってんで。

四谷に喜よし、という寄席があって、ここへ小南が入って来て、

「ああ、何ぞ美味い物《もン》を食いたいが、今四谷見附のところに鶏屋があって鶏を売っている」

彼処《あそこ》は生きた鶏を売っているんです。

「そうや……あの鶏をこうて……」

こうてってな買って、という事ですがね。

「あァ、それを食べるんですか?」ったら、

「いや。その鶏に卵を生まして……」

皆、この時にもう、プッ、と吹き出したんで。今美味いものが食いたいってンで……。だから鶏を買うてえから、定めしこれを殺して食うんだろうと思ったらそうじゃない。その鶏に卵

を生ましてその卵を食べるか、あるいはまた、鶏に卵をかえさして鶏になってその後の話をしているんですね。実に気の長い人だ、ってンで、皆で話をして笑った事がありましたが。

銀座尾張町　まあこのくらいにいたしましてこれから先きへ行きます。銀座ですね。伺ったところが京橋の方から四丁目まであったんで、銀座は一丁目、二丁目、四丁目とそれからあの銀座の交差点から新橋寄りの方、尾張町という。

昔はあすこンところで電車の車掌が「尾張町四丁目」といいました。銀座四丁目と云わないで尾張町四丁目といいましたが、尾張町から何か貰っていたのかな……。

岩谷天狗煙草　あの交差点から手前ですね。今のちょうど松屋のあたりだと伺いましたが、岩谷天狗煙草というものがあった。

これは岩谷松平という方が巻煙草をこしらえて、もちろんその当時は政府のまだ専売にはなってておりませんので。個人でどんどん売れた時代で、おもてに大きく天狗の顔が書いてあってそれに、「おどろく勿れ、税金たった百万円」と書いてある。初めはもっと少なかったのかも知れない。しまいには二百万円までいったてェことを聞いておりましたが。「おどろく勿れ、税金たった二百万円」なんという。

あたくしの師匠の橘家圓蔵が『嘘つき弥次郎』という噺をやりましたが、隠居さんのところへ弥次郎が来てもういろんな、でたらめの嘘をつく。その中で、

「あたくしはまだ京大阪を見物した事がない。行ってみたいが銭はない。どうかして行きたい。そこで愛宕山へ行ってあたくしが一生けんめいに願をかけた。どうかあちらの見物のできますように一つお願いいたしますてンで、二十一日の願掛けをして、ちょうど満願の日にしきりに拝んでいると、頭の上で弥次郎、弥次郎という声がする。ひょいと首を上げてみると、どうも真っ赤な顔で鼻が高くって、それにこの首へ輪袈裟というものをかけて大きな羽団扇でもって顔をあおいでいる人がある。わたくしはびっくりしたから逃げようとしたら後ろから『いやなに、弥次郎。おどろく勿れ』といったんで、おどろく勿れと云われたので気がついたがよく見ると、これは銀座でお目にかかった顔です」

と、お客様がここで、うわァッてンで笑いましたね。「おどろく勿れ、税金たった百万円」とか、あるいは二百万円と書いた事もある。それだからお客様が、これを知ってるから笑ったわけで。これなぞはどうも実に面白いくすぐりでございますが。まあもちろん今は、そんなものを演《や》ったって分りませんけれども。

鶴仙亭　ちょうど今の三越の、ちょっと手前ですかな、鶴仙亭という、横丁に席がありました。通りではなくちょっと、横に曲ったところですね。露地ン中です。ここは女義太夫ばかりやってるんで、看板が上ってるのは見たし、女義太夫をやってるんだなと思った。だけど中はどんなもんだか、あたくしは全然存じません。

それからあの、今は和光となっておりますが服部時計店といいますね。服部金太郎てンですが銀座の大時計といった、昔はたいへん珍しいもんでしたが。あの当時はあんな大きな時計を出してあるところはありませんでした。今でもあんまりないようですけれども。銀座の大時計。それからその向う側になります、服部の向う側。絵島屋という大きな印判屋《はんこ》さんがありましたな。今でも何か他のご商売をしてらっしゃるんだそうですが。あたくしが子供だから震災前ですね。大正十二年前まで……間口の広い大きな印判屋さんで、立派なもンだなァと思いました。絵島屋というお店。

富士松加賀太夫　富士松加賀太夫という人は若い時にここの職人だったそうで、はんこを彫っていた。これがのちに新内というものを演り始め、とうとう本職になってしまいまして七代目の家元になった。富士松加賀太夫……実に美音でございました。

この方は、上野の音楽学校の教師ンなった。新内で音楽学校の教師になったのは加賀太夫だけです。それまでは新内というものは何ンてンですか、粋なものには違いないけれども下卑ているということを云われ、まあ愛好した方というのは職人衆が多かったもので……。だから新内語りにはよく彫物《ほりもン》なんぞを彫ってる方がいくらもありましたが、そりゃみんな職人から好きでなって、とうとう本職になったというような……。だから唄い方でも何でも何かこう下卑たところがあった。

それを加賀太夫という人は上品に今度は語るようになった。ですからある一部からは、けなされた事もあるわけです。大味だとか、あれじゃ新内じゃないとか云ったんですが、けれどもその芸を向上させ、しかも音楽学校に教鞭をとれるようにしたという事は、これは七代目加賀太夫という人が偉かったと思います。

あたくしの師匠とこの加賀太夫という人はどういう因縁があったのか知らないが、たいへん仲が良くって寄席へ出ました。当時ほかの人では出なかったが、圓蔵のトリ席だというとスケに加賀太夫が出ましたので。

当時、お給金も覚えてますが、あら二銭といいましてね。二銭の給金を取ったんです。こらァたいへんな高給取りだと思った。あらといったって分りませんが、木戸が仮に当時二十銭とすると、そのまま何にも引かない中から二銭パッと、引いてしまう。つまり一割一人で取るわけで。だからあと芸人は大勢いますからそれだけ持っていかれりゃァたいへんです。ずいぶん高給なんですが、けれどもそれで承知をして給金を出したという。それだけにやはり客も呼んだわけです。木戸銭もだから高く取れたという。何か効果がなければそんな高い給金を払うわけもないんですが。

弟の吾妻路宮古太夫という方が三味線を弾いておりました。七代目加賀太夫という人は本名小林文太郎といいました。それから舎弟々々と、よく家元は云っていましたが、小林鎌吉という本名でした。

この方はやはり吾妻路の方の家元になっていました。そして宮古太夫さんが三味線を弾いて、兄さんの加賀太夫さんの方が唄う。実にどうもいい声でしてね。何かこう聞いていると、うっとりと致しまして、こう波が打っているようで、ずうーっと声が淀みなく高くなり、低くなり……そのうちにおしまいになるといったような、天性の美声だったんです。

だからあの当時の高輪の家元、清元の延寿太夫さん、ちょうど声が同じようなんですね。むしろ加賀太夫の方が声が出た。だからよく云ってましてね、

「延寿の奴はずるいよ。俺と一緒に出るてェときっと奴ァ前に出て、俺をあとに残しゃァがるんだ。あいつはどうもずるい奴だ」

なんて、よく話をしてましたが、延寿さんよりはもっと大きな声が出たので、歌舞伎座なんかで〝あーッ〟てェとぴいーんと響き渡ったもので。その代り浄瑠璃がいくらか間伸びンなるという。つまりあんまり声が出すぎるんで、その声をずーッと出しちゃわないてェと、次の節へ移れないと云ったような。しかしまあ、何と云ったって唄ですから声のいい人にはかなわない。高輪もいい声であったが、今云ったその加賀太夫さんも大したもので。

宮古太夫の啖呵　弟の宮古太夫さん。この人の方が新内の仲間に云わせると、浄瑠璃はかえって弟の方がうまいって云ってましたね。のちに八代目富士松加賀太夫になりましたけれども。

楽屋の方ではみんな鎌ちゃん、鎌ちゃんってそう云ってましたが。鎌ちゃんったって、もうあたくしの子供の時に相当な年配でした。あたまの毛を後ろの方へオールバックですね、兄弟並んで眼鏡をかけて、二人がぴたっと坐っているところ、その態度といい……何とも云えない何かこう、江戸時代といったような気分がみなぎってましたね。

よかったのは赤坂並木なんという、あれなぞをやって二人掛け合いでやりますと、なるほど弥次郎兵衛に喜多八なんてェのはこういうものかなァと思うような。

それに江戸っ子だから啖呵《たんか》が切れますし、啖呵てェのはこの弟の宮古太夫の方が、いつか啖呵を切ったのをあたくしは聞いた事があったがびっくりした。

これは旅へ出た事がありましてね。有名会というので一番終いが義太夫の竹本朝太夫、それから鶴沢でしたかね？　松太郎。で、この朝太夫、松太郎というものがキリで、その前へあたくしの師匠の圓蔵、あるいは六代目の一龍斎貞山、講談。これは圓蔵と貞山とが一日交替。で、そのまた前が富士松加賀太夫、その前に貞山があがるかあるいは圓蔵があがるかというわけです。

貞山と圓蔵とは打って違いに一晩おきに上がるというわけです。あたくしは小圓蔵時分でしたが行きまして毎日聞いているんですが実にどうも大したもんで。落語は私の師匠であり、講談も六代目貞山、それから新内は加賀太夫。で、切りが朝太夫、松太郎という。

一ヵ月ばかり北海道各地をまわってきましたが、やはりああいううまい芸を聞いておいたという事は自分の生涯にとって、どんなに得をしたろうかと思っている。この時に何かでもって興行者の太夫元と宮古太夫とが喧嘩をしたんですが、江戸っ子の啖呵というものはこういうものだなと思った。いや、その喋るのが早いの何のと云ったら五分間ぐらい一人で喋りましてね、べらべらべらべらべらべらべらッと……これがどうも、息をもつかないてェのはあれなんですね。

それで散々っぱら啖呵を切っておいて、

「糞でもくらってやがれ。べらぼうめッ」

てンで、向うを殴るかと思ったら、ぱァーッと向きを変えてツーッと向うの部屋へ行っちゃった。云われた方があっけに取られてね。ああッ……と云ったっきり暫時ぽうーッとしてェましたがね。まァ、ああいう啖呵ってものはなかなかむずかしいもんだなと思って聞いた事がある。

紋付彫物　この舎弟の宮古太夫さんの方は彫物なんぞを彫ってましてね。若い時は喧嘩ッ早くって……正月なんぞはよく一緒にいた者が困ったなんてェますから。足を踏んだとか何とか……。紋付の着物に仙台平の袴をはいて、同じく羽二重の紋付の羽織を着ている。それで電車の中で足を踏んだ……、

「何だこの野郎、ふざけやがって」

てな事を云って、肌脱ぎンなって彫りものを出すンだってェますが。

どうも紋付で彫物を出したところなんてェのはあんまりこいつはいけませんよ。遠山左衛門尉のお裁きじゃないから、むやみに彫物なンぞ出すもんじゃない。気が短かい本当の江戸っ子らしいところのあった人ですよ。浄瑠璃もたいへんうまかった。そんな事を散歩をしているうちにちょいと思い出しましたので……。

銀座の露店　それからあの天金という天ぷら屋さんがありました。慶応の池田彌三郎という先生がございます。あの先生のご生家でございます。東京で天ぷら屋と云ゃァ天金といった、いいお店でした。角が今の和光、以前の服部でその隣りが天金でした。まああ、銀座でそう云ったような思い出がございますが、まあ何ですね。京橋の思い出なんてェものはそんなもんですね。

京橋の橋から銀座の交差点四丁目。そこまではなかった、それの半分ぐらいでしたろうね。京橋の方から行けば左ッ側にずーっと露店がありましてね。こりゃやはり印象に残っております。いろんなものを売ってましたが……。骨董を売ったり、それから七味唐辛子だとか、古本屋だとかいろんなものが出ていたもので、だからよくこの露店を見て歩いたことを記憶してます。

そのほか格別銀座といったって、今のようなあんなもんじゃありませんでしたね、昔は。もっと何ていうのか淋《さむ》しいもんでしたよ。大してそんなに華やかだと思った事はなかったくらい。まァま、高級品はあったんでしょうけれども。もちろんデパートなんてものはありませんでした。松屋もなし、三越もなし、松坂屋もなし。レンガ通りといってね。昔はレンガ造りの家がずうーっとあったんだそうですけれども。

まあ私ども知ってるといってはそうですね、明治三十八年ぐらいからです。そのぐらいから知ってるんですけれども、まだ明治の末期ぐらいまでは大してそんなに銀座々々って騒ぐほどの事もなかったわけで。そりゃ盛り場といっては浅草や何かの方がはるかに賑やかだったもんで。あとはまあ築地なんてェますか。今は河岸がみんなあすこへ引けましたけれどもねえ。昔はまあ、本願寺がありお寺ばっかりあるところだと思ってた。また寺が多かったもんです。

八丁堀　あとは京橋区ですてェと八丁堀というところがやはり印象に残っておりますが、こりゃやはり盛り場でございますな。弥次郎兵衛、喜多八が「お江戸は神田の八丁堀」なんてことを云う。神田じゃないんですがね、あすこは。京橋でしょうねえ。島原という、これはもちろんあたくし共は知りませんけれども、新島原という廓があったんで。今のちょうど新富町のところ。これは明治の初年から大した間ではないんですが。三年か四年弱ですが廓があったといいますが。それが引けてしまって、そのあとへ新富座というものができました。

新富座　この芝居はあたくし共よく存じておりますが、守田勘弥という人がこしらえてそれまでの芝居とは形式をかえ、これからはもう外国の人も見に来るんだというので、当時としてはハイカラといいましてね。ハイカラっていうのは、モダンとか先端を行くというような言葉《なん》なんでしょう。現代式だとかいう非常に今までの芝居とは異って、装置も新しいものにし、それから灯りというものもガス、もちろん電気も引いたわけなんですが電気の方があとでしょう。ガスの方が先きでした。

芝居茶屋　この新富座ってものは私はよく見物に行きましたが、そうですね、築地本願寺の方から茅場町の方に向っていく。橋を渡って二軒目だか三軒目でしたね右ッ側の。ここに新富座というものがあるので、その向うッ側はずうーッと芝居茶屋というものが並んでいたわけで。今では芝居茶屋といってももう分らなくなっているが、これはつまり、当時芝居を見物するにはお茶屋というものを通さなければいけないわけで。なに、表から切符を買って入れないわけはないんですが。ところがいい場所というものはない。まず今の相撲茶屋に似ているんですね。今だって相撲はそうでしょう、相撲へ行くにはやはり当日の切符を買って行くんじゃあの桟敷の方、うしろの方になってしまうわけで。ところがいい場所ってえとみんな芝居でもこのお茶屋がおさえておりますから。

総見物　それから当時は総見《そうけん》物といいましてね。今は団体といいますけれども。総見々々といって切符をもって、こりゃもう役者自身が売りに行くところもあり、それからまた後援会というようなものができておりまして、何々連だとか何々会てンで、これらがつまり責任切符というものを……。ま、責任切符てェますと三百人とか五百人だとかいうその切符を売って、当日は役者の見物をするというわけで。

だからこの切符の多く売れる人はまことにいいわけですね。いい役者ほどそういう団体を多く、後援者を持っていたわけです。ですからひとしきりは役者へお給金をくれないで切符でくれる事なんぞがあるんですってね。本当に気の毒なもんですよ。もし売れなかったら、しようがない。ただ勤めなくちゃならないので。だから何とかしてこの切符を売らなければお給金もとれないし、また自分もなおなお羽振りがわるくなって、従って役もつかなくなるというわけです。だから役者の方はおかみさんという者がたいへんなんですってね。だから芸者や何かをおかみさんに持った人が多いという。という事は、やはり顔が広く、そしておかみさん自身にもご贔屓もあり、そういったようなわけで何処へでも行って、そしてお世辞がよくて愛嬌があって、交際が広いと、そういうようなおかみさんを持てばどうしても得ですから。素人のお嬢さんを貰ったんじゃそういう事はできない。人の処へ何か切符をもってって頼むなんてェのは、男衆《おとこし》はもちろん使うでしょうけれども、なかなかそれじゃ思うようにいかないので、男衆を何人も使って、それからこの俳優のおかみさんてェものが方々へ頼んで歩いて、そしておいおいにご贔屓を確保していこうというわけですが。

穴師　それでまたお茶屋というものへ話がかえりますが、これがみんな切符をどこそこ、どこそこってンで……いずれ交替なんだろうと思いますが。つまり一から二十までを今日何屋でとれば、その翌《あく》る日は隣りの茶屋にこの場所が行くというような。ま、そんな組織になってるのか何かよく分りませんけれども。穴師というものがいましてね。

穴師というものは、つまりそのお茶屋から案内をしていく若い衆。これがいろいろ働きまして、穴師って……。そりゃうしろの方でどうもいけないから、もう少しいい場所はないかいなんてンで穴師に頼むてェと、

「へい、よろしゅうございます」

てンで、何処《どッ》か見《め》っけてくれる。前のところに空いてるところがある。それはつまりお茶屋同士ではなく穴師同士なんですよ。何処そこの穴師とこっちの穴師と、家は違っているがそれァ友達なんだから、

「あすこはどうなんだい、今日はいいかい」なんて。

「ああ」ってなことで。

「それじゃ俺の方へゆずってくれ」

なんてな事で、そしてそこへお客を入れる。

それから見物に行っても今のように荷物の預り所なんてものはありません。これはお茶屋の

方へ全部あずけるわけで。それと興行時間も長かったから、昔は気に入らないてェと、

「あァここンところの幕はあんまり面白くない」

なんてェと、お茶屋の方へ帰ってきてね。ここでお酒を飲んだりお料理をとって、あるいはその役者を呼んだり何かして。舞台へ出ない空きのある時ですと役者が、そこへ来てお相手をしたりなにかする、というような事で。

昔、ありますね。あの奥女中が芝居見物に行ってどうこうというような……つまり連れ込み茶屋みたいなことをした所もあったのかも知れない。そうするとここで役者をかうといいまして、女の人がちょっと座敷で一ぱい飲んで、それでこれとちょっとその……あやしき事をするというような、ちゃんと仕組みになっていたんでしょうと思う。

そうでなくても茶屋へ来て、お酒を飲んだり何かして、

「今度の幕はよろしゅうございます」なんてェと、

「おう、じゃあ行こうか」なんてンで。

あたくしどももやっぱり行った時分に、お茶屋はどこどこといってね。向う側ですから真ン中はもうその時分、電車は通っていますが、それでもたまさかに電車が通り、くるまといったところであの人力俥、さもなければ荷車を引っぱって行くとか。自動車ってものがあまりなかった。だからまことにのんびりしたもんでした。

お天気の時は草履をはき、雨の降ったときは吉原下駄ってものがありましたが、杉でこしらえた物で竹の皮の鼻緒がすがってる。こいつをちょいと履いて茶屋から芝居を見に行く。そりゃもうもちろん向うへ行って、脱ぎっ放しにずうっと上るのです。

売店なんぞももうありました。役者の絵葉書だとか、ぶどう豆なんてえものを売ってましてね……あたしはたいへん好きだったんです。そんなことまァどうだって構わないけれど、曾我廼家劇なんてえものがあたしの子供の時分はじめて新富座へ来まして。これはどういう縁があったのか知りませんけれども、我々の方でずいぶん切符を買っては行ったものです。これは会の方から来るんだから仲間の付き合いで、買わなきゃァなりません。それは子供ですからあたしは知らないが、親が買ったので見に行きました。

曾我廼家五郎、十郎……つまり喜劇だという。子供の時分に見て面白いもんだなと思いましてね。ま、芝居見物でいろんな思い出がありましたけれども。大正の初期です、圓童時代。

朝田亭　それから何ですね。八丁堀、桜橋というものをそれから渡って先きへ行きます。岡崎町というところがある。電車の停留所があり、それから右の方に入りまして朝田亭という寄席がありまして。

露地ン中で、とにかくその時分はみんなあの蝙蝠傘は少なかった。蛇の目の傘をさしましたが、傘をまっすぐにさして露地の中へ入って行くと、つかえるところがある。何処《どッ》かへこう引っかかっちゃう。傘を少しこう斜《はす》にしないてェと通れないという。だから考えてみるとずいぶん狭い露地ですね。その中に寄席があったんです。今ならとても許可しませんね。あんな狭いところへは消防署の方が、とんでもない、こんな処へ大勢の人《シト》を入れてはいかんなんてンで。ところが昔はあったわけで。

この席てェものはまた古臭い席でしてね。席へ入って行くとあの木戸口があって。そこへランプを、机の横へ置いてそこのお席亭が坐っているんですが、中へ入って行くと石油の匂いがプンプンしましてね。石油ランプてェやつで、今はまあ若い方は本物も見た方もあるでしょうけれども、あれを実地に使った人は少ないでしょう。

あたくしども子供の時分にはランプでした。電気というものはまだまだそう引いていなかった。それから昔は行灯《あんどん》をつけてやったんでしょうが。もうあたくしども大きくなってきた明治末期ですからね。三十七、八年くらいな時から以後ですから……ランプの掃除をよくさせられたんですよ。手ェこう布《きれ》を巻いてあのほやってェましてね、上へこうかけるガラスのほや。そン中へ……手を突っ込んでずうッと中を拭くわけです。油煙があがるために曇るわけで、黒くなったりしているので、そういうのを拭き取るのです。大人の手では入りにくい。子供の手がちょうどいいんで。小《ち》ィちゃいから……ですからほやを拭いておくれなンて頼まれてね、よくやったもんですよ。

そいつがついてましてね、いやまことに陰気くさい席でした。昔はその朝田亭というのはお客が来た事があるんだそうですが、あたくしどもが行く時分はもう、お客が入りませんでしたね。

三遊亭新朝の芝居噺　ここで記憶のあるのは、三遊亭新朝という人がトリを取って、芝居噺をするというので道具を高座へ掛けてあるんですが、道具を見ておどろいた。どうも実にきたない。古色蒼然たるもので、よほど古いものなんです……。これァ自分で拵えたのじゃァなく古いやつを貰ったのかも知れないんですね。とにかくよほどの古物です。それで寄席もきたなくって……お客が来ない、三拍子そろっている。

察するところこれは六代目桂文治の品だと思いますが、六代目文治は芝居噺を得意に演った人であり、この新朝という男は大阪の、桂鯛助という噺家の伜で鯛吉といい、東京へ来て初めに三代目春風亭柳枝の門人となって錦枝といった。のちに四代目圓生の門人となって圓次郎となったが、噺は文治の所へ稽古に行き、文治からいろいろと教えを受けて、けっしてまずいのではないが、どうも調子が悪いというか、何か言葉を云って息を吸い込むときに、咽喉《のど》がグーウッ、と鳴るので一言々々《ひとことひとこと》、グーウッと音を立てるので、聞いている方にとっては実に耳障りになるので客にいやがられるのです。それがためにどうしても売れない噺家だったのですが、けれども楽屋で変におさまっていると云って一人で偉そうな顔をしている。ただし誰も偉いとは思っちゃいないが自分だけはそう思い込んでいるらしい……妙な人でした。

六代目文治は明治四十三、四年頃に死んだのですから、その道具を買ったか、貰ったか、でしょう。明治初年頃に使った道具とすりゃァ、もはや明治も終りに近付いている頃だから、さだめし道具も疲れ果てている事で無理はないが、いとど客の来ない朝田亭が、これじゃァなお入らない。

お客の来ないのはいいけれども我々の方はみんな歩制度といってね、歩合ですから。お客様が入らないてェと少なくなるので、多ければよけいにもらえるという、そりゃまァ当り前の話ですけれども。

当時、あんまり客が来ないてェと、給金制というものがちゃァんとできていまして、この人はいくら、この人はいくらという。しかし金が少ないともう、そうやって行くてェと下の者なンぞ取るところがなくなってしまう。だから上下《うえした》なし、全部平等に分ける、共産主義ですね、客の来ない時には。平等に下の者も上の者もいちおう同じ給金を貰うという事になる。一番少なかったのはこの時に八銭貰った事がある。一晩八銭。当時電車の切符が片道といって一回乗るてェと五銭、往復切符を買うと九銭でした。

寄席へ九銭払って行ったら割が八銭しか貰えない。だから一銭損したんです、おどろきましたね。勤めて損をしちゃいけない。まあまあ、その時分だってごく少ないといってもそんな事はめったになかった。いくら立てんぼ、だったって、もう少し十銭や十五銭あったわけなんですが。今もって記憶に残るくらいですから、やはりこれは珍しい事だったんですね。つまらない、珍しいところへぶつかっちゃったもんです。

医者いらず馬場の薬屋　それから八丁堀には有名な薬屋がありましたよ。仁成堂……と云った。馬場の薬屋、八丁堀の馬場の薬屋というと有名なもんで……。失礼ながらあの近辺にはずいぶん貧困な人が多かった。だから医者へかかるお銭《あし》がないわけで。

その薬屋さんへ薬を買いに来ると、容態《ようたい》を云って。つまり熱がこのくらい出るとか、咳が出るとか。どうだこうだと病状を云うと向うが「はァ、はァ」と聞いて、「よろしい」てンで、薬を調合してこしらえてくれる。それがたいへん効くんだという、もちろん安かった。だからほとんど、薬屋さんの前を通ってね……客のいないなんて事はなかった。少なくて二人や三人、混んだ時にはずらーッといっぱい立ってその順番を待っている。

だから当時でもなかなかやかましかったんだそうですよ。医者を差し措《お》いて、薬剤師とは云いながら医者じゃないんですからね。それがむやみに容態を聞いて薬を調合してはならんという、これは規則はあるんでしょうけれど。いくら云っても駄目なんだそうです。患者自体も医者へ行って、ちゃんと薬を貰うだけの余裕はないわけなんです。しょうがない。そこへ行けば薬代だけで済むし向うでやってくれるんだから、容態を云っちゃそこへ買いにくる者が多かったというわけですが。

講談席なぞはずいぶんありましたね、八丁堀には。落語の寄席としてはこないけれどその、朝田亭というのが一軒だけだったんです。のちにはまあ他にも席が出来ましたけれども、まあまあ落語席としてはここいらが印象に残っておりますが。

ま、京橋の思い出というのはこんなもんでございましょう。今度はおとなりの神田へうつることにいたしましょう。

神田

東京一の盛り場　神田というてェとあの須田町というところに電車の停留所がありました。あすこがね、昔は東京一の盛り場でした。と云って、みなさん信用しないかも知れない。本当なんです。

あの須田町、今、万惣がありますねえ。角ンところに果物屋さんが、あれはありましたよ。それから九段の方から来て交差点の左側に三好野という粟餅屋ができましたね……あたくしの子供時分に。三好野の粟餅といって、どうしたんだかこれがばかな当り方で、いや押すな押すなというわけで。急にこの粟餅ってものが流行《はや》り出して、三好野の支店というものがもう東京の各所へできた。

一番始まりはこの須田町。こゝンところの交差点の人てえのはなかった。電車が停ってもうぞろぞろ人でいっぱいでした。もちろん交通巡査がいましたがねえ、その時分に。まだ信号ができちゃいませんでしたが、こゝンところは交通整理しなきゃいけないだけ人が通ったんです。

あと何処へ行ったって、銀座へ行ったって何処へ行ったたって、そんな事はないんですよ。須田町だけはまァひどい人通りでした。

白梅亭、立花亭、小柳亭　ここには白梅亭《はくばい》という席があり、それから立花亭。これが落語の席で。それから小柳亭という、これは講談席ですけれども。やはり講談席では小柳亭。それから両国の福本、浅草の金車なんという、これはもう東京で五本の指に折られるという、檜舞台だったわけで。落語の方はそれほどじゃないがやはり一流の席でした。白梅なんてェものはいい席でした。

場所はてェと、今は交通博物館になっております、ちょうどその真ン前でございますが。今なくなってしまったでしょう、広瀬中佐の銅像というものがありました。そのちょうど筋向うになるので。あすこへこの電車というものが、電車ってつまり国電ですね、今通っております。新宿の方から来て神田駅へ、そして東京駅で折り返しになる。

甲武線　あの甲武線といいましたが、一番初めにできました時に。新宿から飯田橋までだったんですね。それがやがて伸びて、ちょうどその白梅亭の前のところ、万世橋の駅というのがあり、これが廃止になってしまいまして今神田駅は残っているが、それまでは万世橋駅というのがこれが終点だったわけです、甲武線の。

あたくしは新宿に住んでいたからこの甲武線にはよく乗りました。これがつまり今の国電のそもそもの始まりじゃないかと思いますが。まあほかの所は知りませんよ、東京では。市電は新宿から九段まではありました。あの九段坂の上まで。のちに九段下から神保町を通って須田町へ。あの線はね、あたしが子供の時はまだなかったんです。

どうして神田の方へ行ったのかな、と考えたがきっと何ンでしょう……新宿から築地まではありましたから、築地本願寺のところが終点になっていた、これであの折り返してまた、新宿の方へ行くわけです。だから神田へ行くには銀座へ出て、銀座で乗り換えてそれから、須田町の方へ乗ったのですね。そのうちにまあおいおいに、当時都電ではなく市電です、九段の坂を下りてそれから神保町、小川町、それで須田町。須田町がその当時終点。それから岩本町へのびてさらにのびて両国まで行ったと、こういう事になるわけなんですが。いっぺんではなく、ちびちびちびちびその電車の方ものびて行ったわけで。それでこの甲武線の方は割合に早かったのですね。

広瀬中佐の銅像除幕式　ここでは広瀬中佐の銅像が建った時にちょうど白梅亭へ行きまして、除幕式があるというんでね。白梅亭は二階席でした。ここであたくしは見た覚えがあります。

この白梅亭という席は、だいたい昔はお屋敷だったんじゃないかと思います。それというのは下の方にもずいぶんこまかいお座敷がありましたね。こまかいお座敷といってもつまり六畳ぐらいな間《ま》ですね。それから四畳半ぐらいなお座敷もあった。

それが何かこう、非常に子供ながら堅い建て方だなと思ったほど、寄席というような粋な造りではない。だから何かのお屋敷を改造をして、それを上の方だけ寄席に改造したんではないかと、まあこれはあたくしのだろうかいですけれどそう思いましたが。下がその席主の住いになっているわけで、木戸口があってすぐそこに梯子がある。これを上るってえとつまり客席というわけなんですね。高座から見て正面のところが茶番といいまして一段高くなっていて、その脇が台所。ここはそのお客様へ出すお茶や煙草盆をおいたり、お菓子を売りに行く、そんなものがおいてある。

それから正面のところに、前に机のようなものがあってそこに、ご主人が坐っているというわけなんです。木戸口から上ったお客様は梯子をのぼり、右へ曲ると客席になり、その突き当りに高座があるので、席主のすわっている左横のところへ上って来たことになるわけです。

その時代に、広瀬中佐の銅像の今日は除幕式だという。行きました時にひどい雨が降りましてね、どしゃ降りで。そしてもちろん、海軍のみんな将校方が来てこれへおまいりをなさるわけですね、除幕式がすんで。ひどいどしゃ降りだからたいていみんな外套を着ていましたね。頭からずきんをかぶって、そして銅像の前へ行って礼拝をなさるというわけで。

印象に残っていたのは、それは誰方《どなた》か分りませんけれども、やはりこう肩のところへ肩章のどっさりついた偉い方なんでしょうが、どしゃ降りの中で外套を脱いで雨に打たれてちゃんと礼拝をなすった方がたった一人だけあった。あの方は偉いもんだねえなンて、みんな話をしてました。誰方だったかそれは分りませんけれども、そんなようなまァ……記憶が出てきました。

伊藤痴遊　この白梅亭というのは何年頃から始まったものか、そういう事もあたくしはよく知りませんが、亡くなりました伊藤痴遊という、講談の先生がよくここへは出演された事がある。本名を伊藤仁太郎というんですね。

市会議員、府会議員、これはその浅草からよく出られましたが、しかしそれには出たけれど衆議院議員に立つてェといつも次点で落っこっちゃうわけです。それには頼母木桂吉だとかやれ何だとか云った、浅草にはまァその地盤のある強い方が大勢いたんですね。だからどうしても伊藤さんが出られなかったんです。

この方はだいたい、政治屋さんの方が本職なので、けれどもその時分には演説会というものをやって、何か少し喋りかけると警官が来ていて臨見席から中止、と云われるんですってね。それ以上喋ればすぐに引っぱっていかれるわけで、やる事ができない。何とかして喋りたい。自分の思う事をば喋って聴衆に訴えたい。けれどもどうにもこれじゃしようがない。そこでいろいろ考えた末に講談、その時分には講釈といいました。講釈師になれば喋れない事はないだろう、そして自分の思う事をば、大いに政治の事を論じていこうと、こういうわけなんで。そこでこの講釈師になったというわけ。

ところが演説と講釈は違いますから、やはりたどたどしい事を云ってたって、その時分にはあなた、講釈師なんぞにはうまい人はもう山のようにいるわけなんですから、なかなかたいへんだったでしょう。けれどもま、天性もあり、学問もあり、そしてなかなか度胸のいい方で。それでまァいろいろ噺を自分でこしらえて、お客に聞いて……もらえるようになった。伊藤先生がよく話をしておられたが、自分で『加波山事件』という講釈をこしらえ、自作自演ですね。トリへ上って『加波山事件』をやったところが、ここらはお客が受けるだろうなという処がちっとも受けないんです。まるっきり駄目なんです、その晩は。どうしてだろうと思った。終いになったら「おい先生。先刻それは貞吉が演っちゃったよ」とこういう。

自分が今日よむところを邑井貞吉という講釈師が先へ演っちゃったてンです。なるほどね、二度目に聞いたんじゃァうけないわけですよ。それで貞吉という人はうまかったんです。だから痴遊よりはうまい人が先へ演って、そのあとから下手な人がその通りやったってそりゃ受けるわけがない。ところがその『加波山事件』というものは他に演り手はない。自分が拵えてやったものだ。痴遊はそこで憤然として貞吉にかけ合ったんです。

「何だって人の演《や》り物《もの》をむやみに前で演っちゃうんだ」

と云ったら貞吉が、

「人にやられて悪いようなものに、何故かじりついてるんだ。人の真似のできないような、他の噺をこさえたらいいだろう。俺ァいっぺん聞いてこんな物《もン》ならできると思ったから今日演ってみたんだ」

と、こう云うんです。その時分には皮肉な芸人がいくらもあったんです。

それでいっぺんは怒ったがなるほどと思って、それからこれはいかん、どんどん自分で書いて新しいものをやらなくちゃいけないんだなというので、発憤してやった。まあそのお陰でずいぶん勉強するようになったと、よくこれは痴遊先生が話をしていました。

この邑井貞吉という人はお父ッつぁんが邑井一《はじめ》といいまして、明治時代の名人と云われた人で、その倅でこの人が講釈師になった。新しいものもやれば、また古いものもやれる。非常にあたまの切れた人で、速記をするからと云ってくるてェと、いや速記なんかしなくたっていい、俺が書くといって自分で筆がたつので原稿はどんどん自分でかいてしまったという。

けれどもこの方は惜しい事に早死をしてしまった。三十歳ちょっとぐらいで亡くなってしまったんですが、この人の事はよくほめておりましたが……。痴遊先生は白梅亭はよく出ていました。

たこあしのだんまり抜き　このお席亭はおばあさんでしたがね。おくろさんといいましてね。皆でお黒さん、お黒さんと云ってた。だから私はそういう名前かなと思ってたんですが、誰だったかその人にお黒さん何とか云って話をしたところが、たいへん怒られたってンです。

「お黒さんとは何だ」てンで。

それは色が黒いからお黒さんという、つまり悪口だったんです。聞いた人はおくろって名前かと思った……これは寄席の三婆さんの一人に数えられたという、やかましいお婆さんでしてね。変な噺家が上って演っていると前座を呼びつけて「下ろしちまえ。こんな奴を上げておいちゃいけない」なんてンで、ひきずり下ろされちまう。どうもあそこのお婆さんにはとてもかなわねえなんて、みんなそう云ってましたが。

そしてこの伊藤痴遊先生が、落語の中へ出る。特別出演ですから、我々の方でたこ、あ、し、って云いましてね。立看板、大きく伊藤痴遊と書いて出して、その当時はあごひげを生やしてまして鍾馗《しょうき》様みたいな顔で。こっちは偉い先生だなと思いまして、子供の時分に。

そしたら一晩だまって白梅亭を抜いたんです。電話があるんだから電話でも掛けりゃよかったんでしょうがだんまり抜きで、もう来るかもう来るかと云うんでつないでいたが、とうとうその晩来ない。

そしてあくる晩、痴遊さんが入ってきて楽屋にいたところが、このお黒さんなるお婆ちゃんが入ってきましてあたくしも傍にいたら、

「おい、仁太さん」

……にたさん、仁太郎っていう名前ですから。

「何だい、夕べ黙って抜いて」

「いや、よんどころない事があって。どうも欠席をしてすまん」

「すまんじゃない。どうするんだい。あんな大きな看板を出しておいて。何と云って客に云い訳をするんだよ。お前《めえ》なんぞもう出なくてもいい。帰《けえ》れ。帰れ」

「いや、そうあんた怒らんで」

「怒らんでじゃない。もういいよ。出なくてもいいや。帰れ」

そうしたら伊藤さんが両手をついて、

「いやどうもまことに申し訳がない。すまん」

てンでね。この鍾馗様みたいな顔をした人が痩せっこけたまっ黒けなお婆さんにぺこぺこお辞儀をしている。あたくしは子供でも傍で見ていておかしくておかしくて、何てだらしねえんだろうと思った。そうして聞いてみたら、若い時分にお婆さんにはたいへんに厄介になった事があるんだそうです。だからいよいよとなるてえと先生でもなんでもない。その若い時分の仁太さんになっちゃって、「帰《けえ》れ、帰れ」って云われましてね。未だに印象に残っているが思い出してもおかしいと思ったぐらい。この白梅亭というものは、あたくしどもはずいぶんいろんな思い出もあるし、世話にもなりましてね。

そこのご主人、そのお婆さんの伜さんになるわけですね。新ちゃん、新ちゃんて云いましてね。新太郎とか新吉とか云ったのかも知れませんが、そこのところはよく知りませんが新ちゃん、新ちゃんと云って。

あたくしども席であんまりご飯なんか食べた事がないが、この白梅亭だけはよく「お飯《まンま》食って行けよ」なんて云って、皆と一緒にご馳走になった事や何かもありました。それから若手の真打になったのちによくあたくしをトリなんぞ取ってくれて「今晩、めしを食いに行こう」と、連れてってくれて、いろいろな話をしてくれた事がありましたがね。

あたくしが毎晩、演題を変えて噺をする。

「どうして君は売り物をこしらえないんだ」

売り物てェのは自分の十八番《おはこ》物です。

「これならというものを何故演らないのだ」

「あたしはありません」

「ありませんったって、自分でそれを拵えたらいい。柳好なんざ『蟇の油』でもってたいへん売り出した。何か自分の得意の噺をこしらえなさい」

この前の柳好ですね。あの人は『蟇の油』でたいへん人気が出た。何かこれならと思うものを一つだけ、ちょいちょいやる。客に馴染が出来て、そして売りものを自分でこしらえた方が若いもんは早く売り出すんだから、何か得意なものをこしらえたらどうかなんて、あたくしに意見を、のべてくれた事がありましたが。

しかしこれァあたくしの考えは、自分でむりやりにそんな売りものを演ったところで客が買わなきゃしようがない。こっちが下手《まず》いから畢竟《ひっきょう》お客様の方で何とも云わない。うまかったらこれがいいとか、あれがいいとか云うのはそりゃ客の方で云う事で、こちらから決めるべきものではなく、決めたところでそれが果たして売れるものではなく、自分が未熟だって事を自分で知っていますから、そんなむりやりな事をしたって駄目だと思って、こりゃ意見を聞きませんでしたが。ま、とにかく、そういう親切なことを云ってくれる席主も今はありませんね。

神田川で船の花見　あたくしが圓童になったばかりだからちょうど、明治四十二年か四十三年。十か十一の頃お花見がありまして。柳、三遊、両派でもってお花見に行こうというので。集合した場所がこの神田の白梅亭でした。

昌平橋、ご存知でしょう。お茶の水、その次が昌平橋、その次が万世橋という橋がある。この昌平橋のそばから船へのりこんだ。今の人は不思議に思うかも知れませんね。何だってそんな処《とッ》から船へ乗るんだという……。これでずうーッと、神田川を……柳原のところを通って、柳橋から大川へ出ます。隅田川へ出て荒川までこの船が行きまして、お花見をしたというわけですが。このときにみんな住吉踊りの身装《なり》をして行った。白い着物を着て腰のところへ短ッかい黒い布《きれ》ですね、腰衣《こしごろも》。前掛けみたいなのを巻いて、住吉踊りのなりというので、わたしは子供だが、やっぱり大人と全部お揃いで、向うへ行って踊ろうというわけです。

おかしかったのはあたくしが十か十一。今の雷門助六てェ人のお父っつぁん、この人がまだ助六になっていませんで都家歌六《うたろく》と云った時代。前ッからあたしを知っているというのは、二丁町に市村座という芝居がありました。そこで噺家芝居をした時に、あたくしがまだ義太夫を語ってる時分、豆仮名太夫の時代に、常磐津のうつぼというものをば大喜利《おおきり》に踊ったことがある。『花舞台霞猿曳《はなぶたいかすみのさるひき》』俗にうつぼという。その時の猿まわしは先代の桂小南、色奴橋平が三升紋弥、女《おんな》大名を歌六、あたしがお猿です。

荒川へ行ってお酒を飲んで、向うはいい心持ンなったんでしょう。踊ろう、踊ろうってンです、あたしに。

「何を踊るんです」ったら、

「深川を二人でやろうじゃないか。踊ろう」

とこういうので、私は深川は、稽古はしたんだけれども一人で踊る深川で。二人でやるのはあたしは知らないってそう云ったら、

「いいよ、いいよ。大丈夫だよ。お前が踊れば私がそれにちゃんと合わして、二人の深川にして踊るから」とこういう。

「よござんすか、一人ですよ。あたしのは。一人のしか知りませんよ」ったら、

「ああ、いいよ」

ってンで踊ったんですがね。

いかに深川というものは手が決ってるとはいいながら、その師匠、師匠で、多少違いますからねえ。ここンところは左だろうと思うとこっちはスッと右へ手を出す。それを見て慌《あわ》てて右へ出す子供を見ながら踊るわけなんですが、これァ受けましたね。傍《はた》から見てェたらよほどおかしなもんだったでしょう。子供の踊りを見ちゃァ真似をして踊ってるので、周囲《まアり》の人がひっくり返って笑ってましたが……その時に子供心にも面白い人だなァと思った事がある。

ま、だいたい神田から船ェ乗っかって荒川へお花見に行ったなんてェと、ずいぶん時代色が出ますけれどもそんなことがありました。

その白梅亭も昭和のまだ初め頃でしたか、銀行に取られてなくなってしまいました、借金のためらしいです。

立花亭の変遷　それから新石町には立花亭という席がありました。これはかなりあとまで残りましたが、これとても今はもうなくなってしまいました。

これは大森竹次郎というそこのご主人の名前で。そのご主人が亡くなったあとへ養子に入って大森竹次郎になった人が……まことに無愛想な人でしてね。お客様が入ってきて札《さつ》やなんか出してお釣りをくれってえと、小銭払底なんて時代がありまして、なかなか細《こま》かいお銭《あし》がないんですね。

だけどもないから札を出すてェと、

「細かいのは……」とこういう。

「細かいのはないんだ」てえと、

「チェッ、しょうがねえな」

口の中でぶつぶつ云いながら、ぽォーんと釣銭をそこへ放り出すんですがね。客としては、はなはだ不愉快だったろうと思う。木戸の傍にいてあたくしは見ていて、何かひやひやしましたよ。そんな具合ですから、だんだんだんお客が来なくなっちゃったんで。それでついに借金でもって席がパァ……ンなっちゃって……。

その後金を貸したのは六代目貞山という講釈の先生で、この人がしばらくやっていたがどうも具合が悪いので、どっか買手がないかというわけです。

と、あのNHKのアナウンサーであった松内則三という、あの方がやるという。だけども金を出したのは松内さんではないんですね。新橋に小古井さんといいまして鳥屋さんをしてた。……焼き鳥屋ですね。今でもやっぱり串助という名前でそのお内儀さんが商売をしていますが。

この方が小古井太郎といって寄席の好きな人で、我々もよくそこへ飲みに行ってその時あたしが話をして、

「あなた、寄席をやりませんか」という話をしたら、
「ああ。私もね。寄席ならやりたいと思っているんですよ」なんて。
「それじゃ神田の立花をやりませんか」てえ話……。
「あすこどうするんですか。売るんですか」
「ええ。だれかにゆずりたいってェ話なんだが……」

てェと、やろうかという。そんな事でお世話をしてとうとう話がまとまりまして、まあ表向きは松内則三さんがやるという事になり、金主は小古井太郎さん。ご夫婦で鳥屋をして、そして寄席の方も経営をするというわけで。

はじめはたいへんよかったんですが、だんだんお客が来なくなっちゃいましてね。それでついにあれは東宝にも一時渡ったことがあり、その後近所の電気屋さんか何かがもってやったがこれもあまり客が来ないので、そしてあすこはとうとう閉鎖してしまいましたが、まことに何か……惜しいと思いましたが。

白梅もなくなり、立花という席もございませんし、それからあの小柳亭というこれもやはりつぶれてしまったわけで……須田町のところには席がなくなりました。

花月の独演会　それから神田では神保町のところに川竹という席がありましてね。救世軍があります、神保町の傍に。あの救世軍の真向うの横丁にあったもので。のちにこれは大阪の花

月というものが買いまして、名前も花月と改めて……ここではあたくしは独演会なんぞもずいぶんやった事がありましたね。これも非常に思い出がありますが。

あたくしに独演会をやれやれって云われたんですがね。やはりもう圓生にはなっていたけれども、あたくしではお客が来ませんよと云ってことわった。

向うで何とかして昼席ですがやってくれというのです。第一日曜は志ん生がやって、第三日曜を四代目柳家小さん、今の小さんの師匠ですね。そこでまァこっちも覚悟をして、じゃ、やろうてェ事になりましたが。いよいよ三人でもって第一、第二、第三という、日曜日にここでやりましたがね。この時に考えたのはお客はそれはまァ、来る来ないはともかくとして演りものですね。演目においてどうかということ。

四代目小さんという人は、なかなか演題においては広範囲にものを知っている人で、なかなか各所で稽古もしているし、いろんな噺も知っている。それから志ん生という人も、これもガムシャラに何ァんでもやる。またそれだけの数も知っているし。

そこで、あたしもまァ数は多いといわれているが、まだまだ自分でそう自惚れるほどそんなには豊富じゃない。それから考えましてね、自分の演りものを書いて前において……。

まあその時分だから一回に三席ずつやるとして、独演会でできる噺とできない噺がある。できないというのは短い噺《もの》、一席で十五分あるいはそれ未満なんというような噺は、持ち出したところでどうにもならないわけで。だからまずまず二十分以上一席でもつ噺、それでどうだろうって考えたがこりゃどうもそう何年ももたないなと。それで考えましたのは自分の、持っている噺を一席しかやらない事にしたので、あと二席ずつ毎月稽古をして覚えていこう。そしたら相当こりゃたたかえる。そう考えて、当時もう戦争が激しくなりましてね。非常に演目がやかましくなったんです。女郎買いの噺は五十三種なんていうものをば禁じられてしまう。これはもう知ってたって全然できないわけです。あたくしもかなり廓の噺やなんか知ってるがこれは駄目なんです。

人情噺に挑む　そうすると人情噺というものをどうしてもやらなくちゃならない。多少は知っていましたが、けれどもなかなか人情噺といったってそんなに数も知らないし、これからこいつをひとつ演ろう、人情噺におおいに挑まなくちゃならないと思った。

先代圓生が演りまして、あたくしが耳にはあるがやった事のないもの、だいたいにおいてまあ『鰍沢』だとか、『お若伊之助』だとか、あるいはまた『お藤松五郎』だとか、そう云ったような噺《もの》も当時はまだまだやっておりません。こういうものを一席ずつ稽古をしよう。それからなお新作ものに取っ組もうというわけなんで。

それでその当時、毎月のように野村無名庵という人の家で、新作発表会というものがありましてね。新しいものができる、まあきわものみたいなもんですが。それをどんどん発表してこれは金で買えるわけですよ。当時十円でしたかね、一席。だけどもその金自体だって、当時として安いわけではない。けれども商売のためならば致し方がない。もしあった場合は、あった場合というのは自分がこれならやりたいというもの。毎月新作会へ行きましたし、それに作品が七、八つ……多い時には十ぐらい朗読をするわけですね。

野村無名庵てェ人は朗読がなかなかうまかった。もっともこの人はいっぺん噺家になった事がありまして、それからよして自分はもう噺家ではあまり成功できないというので、それで筆をもって立つようになった。ですから話術というものも相当できたわけですから読み方が非常に上手《うま》いわけです。そんなことであたしも二席ずつ稽古をし、これで補って挑戦をしようというわけで。

まああでしたね、お客の方は。そうどっさりは来ないけれども、百四、五十ぐらいのお客様は毎回来るわけで。小さんは二百五十《にそく》から三百人ぐらい来る。志ん生もなかなか客が来ます。まああたくしが一番客が来ないわけで。けれども平均とってそんなにみっともない事はないわけですが。やりものでまァずいぶん苦心をして稽古をはじめた。ところがおいおいにこれも戦争が激しくなって……。やってる最中にプーッ、てンで空襲警報、それで持続できないわけで。途中でお客様に帰っていただくというような事がちょいちょい続いて、それで第二次落語研究会もとうとう解散をしてしまい、我々の独演会というものもみんなこりゃ中止してしまったんです。

のちに志ん生と二人で満州に行きまして、二人きりになった時にいろんな話をして、その時に志ん生が云いましたね。独演会の噺をしはじめて、「あの時に君が独演会をはじめたんで、俺ァもうどうしようかと思った」てンですね。

どうしようかと思ったてェ事は、つまり向うも演りものが尽きちゃって、圓生に負けたてェのは口惜しいわけで。こっちも負けりゃ口惜しいと思うわけです。だから君が始めたんでどうしようかと思ったてェのは、演りものの上で負けたくないって……。わたくしもそうだったって二人で話をしてね、大笑いをした事がある。

まあ人間というものは何でも苦労をしなくちゃいけないと思った。あまりに平和な事ばかりが続いていたんではものの発展というのはありません。そういったような、この花月には非常な思い出がありますが。これであたくしはどんどん新しいね、たおろし、といいましても毎月ですから、その中には人情噺、落し噺でも長いものとか、かなり勉強になったてェことはやはり、苦しまぎれにやった事で。花月にはそういう思い出がございます。

次は下谷へ移ります。

下谷

佐竹ッ原の馬肉屋　下谷はやはり鈴本ですね。あすこはいろいろな思い出もあります。今の席のちょうど向う側でした。あたしが初めに勤めたのは二階席でして、鈴本亭というものが。それから下谷の佐竹。こりゃもうなくなりましたが、やはり今でも佐竹通りというのがあります。御徒町から厩橋の方へ向っていって右へ曲る。

昔はたいへんな、ここは盛り場だったんです。佐竹ッ原なんて、言葉がありましたけども。ここには馬肉屋がありましてね。亀屋という、馬肉のごく上等なお店で。二階へ上るってえと女中さんなぞも割合にそんなに柄の悪くない女中がいて。

当時の噺家の新年会とか、もちろんその新年会といったって上部《うえ》の方の連中じゃない。まァま、中以下の二ツ目程度の新年会だとか、忘年会だとかいうものをば、仲の良い人達だけ集って開こうなんと云うんで、こらァもうたいへん適当で……安かったんです。

久本、開盛座、柳盛座、とんぼ　その先に久本という席がありましてここへはよく勤めた。

というのは、あたくしの師匠が初席でございましてね。大正十二年五月から落語の席は十日間月三回興行となり、その以前は月二回です。

初席というのは一月元旦から十五日まで、ここは正月はたいへんお客様が来たもんです。正月以外はあんまりそう入らなかったけれども、初席はとにかくなかなか大入りでした。

久本の先へ行きますてえと開盛座ですか、芝居がありました。その他に柳盛座、とんぼというこれは講談の席があり、その他、この佐竹通りというものはなかなか賑やかなところで。

寒詣り　その当時、思い出すのは正月になりますと寒詣りというものがずいぶん歩いてましてね、夜ですけれども。何か白装束で、町の中をサッサッサッと歩いている。りんを振ってましたね。それで自分の信仰するお堂ならお堂へ行って、水を浴びるところがある。そこで、ざァーッ、てンで水行《すいぎょう》をして帰ってくるというわけで、たいへんなもんですね。そういうものにお正月なぞはよく寄席へ行きますてェと、出っ食わしたもんですよ。

今の正月よりはその当時の方が、なにか正月らしい気分がしましたね。何かずうーッと、注連縄《しめなわ》を張って、それからみんなあの門松というものを立てましたし。今はあたくしども見てちっとも正月だというような、町のたたずまいを見て、気分が出ないわけです。それで大きいところ、つまり大商店は立派なものを、それからお屋敷なぞでも松ばかりでなく竹やなにかですうッとまるく、大きく立派なものを立てるのですが、貧乏人は貧乏人なりにやはり門松というものを立てました。今はああいうものをやっては無駄だってことを云ってやらなくなったんだそうですが。それじゃクリスマス・ツリー、なんてのはあたくしに云わせればたいへんな無駄じゃないかと思う。何もキリスト教でもない者が何でそんなクリスマスを大騒ぎするン……それよりも日本人なら日本古来からやってきた、ちゃんとお正月というものがあるんだから。その方は無駄だといってむやみに外国の真似ばかりする……そういうとこがあたしァ日本人てえものは変だと思うんです。何もそんなに外国のものを騒ぎ立てる事ァない、そうでしょう。クリスチャンじゃないんだから、平常拝みゃしないでしょう。そんなものを大騒ぎするんだから実に不思議でしょうがない。

昔のような正月気分というのもなくなりましたけども。まあ、久本という席を思い出すと、よくあの辺で寒詣りを見たんで、そういうものが下町気分というのでしょう。

まだまだ何ですね、明治末期ですてェと、あの六十六部《ろくぶ》なんてェものもありました。笈を背負って歩いていたもんです。今はもう絵で見るより他にないでしょう。実物をね、ちゃんと見ていますが、町の風俗ってものもずいぶん違ったもんですよ。

上野山内　上野であたくしが覚えているのに、山下ンところ……、ちょうどあの広小路の方から行って左の方、不忍池《しのばずのいけ》の方へ出ようというあすこんところですね、三つ橋がある。並んでちゃんとかかっていたのをあたくしは覚えていますが、それからあの上野の公園へ入る。そういったところが何か記憶にありますが、博覧会なんてェものはもちろん、開くってえといつも上野に限っていたもんですが。博覧会というものも何回も行った事がありますが。

それから落語の方では、上野の山というものを使いましたのは『花見の仇討』とか、あるいは『長屋の花見』なぞでも使いますがもちろん、これは明治以後でございます。

昔はあのお山というものはなかなかやかましかった。というのは、宮様があすこにおいでになる。だから他の花見の場所と違って、三味線を弾いたり、酒を飲んでガチャガチャあすこで騒ぐなんてェ事はもちろんできなかった。それに暮れ方になると、山からみんな追い出されたものです。山払いといって役人が来て追っ払われたので、時刻はちゃんと決っていたもんです。

それからこれは落語ではありません。講談の方ですが、あの秋色《しゅうしき》、という女の子が宮様へ召された。

井《い》の端《はた》の桜あぶなし酒の酔い

ですか。あれはどっちが本当なんですか、井の端、という人もあれば、井戸端の、という両方ありますが。こりゃまァあたくしの方の区域じゃない。講談の方ですから、どっちでも構いませんけれども。清水堂の前のところに今、あの秋色桜の碑が残っております。

四人の名工　それからあすこへ左甚五郎という人が昔、龍を彫ったという。これも有名な話ですが、これは鐘楼堂といいますから鐘つき堂でございますね。現在の場所でいうと竹の台中堂前という、今小松川宮殿下の銅像がありますがあすこンところにあったもんです。高さ一丈、石垣の上に土井利勝、という方の献上で高欄付の見事な鐘楼が別にあったんですが。

それでこれを建てる時、四本柱の高欄にとりつけるもの、これを龍の装飾にしようというので四人の名工にこれをつくらせようという事になった。さて日本中から、四人の者を選ぼうというわけで。

これにまず招かれました者は、当時彫りものとしては名をなしておりました、大阪道頓堀の彫物師で吉兵衛という人、それから野州佐野の善兵衛という人、江戸では神田皆川町に源太郎という人がおりましたので、この三人がこれに選ばれたわけですが。中でもこの源太郎という人なぞは実に見事なもんでございます。その代り仕事にかかるてえと半分気違いみたいになる。“乱心源太郎”という、異名をとったほど天才肌の職人で。

ところが名工四人なくちゃならない。肩を並べるような人はもうこの三人だけしきゃいないわけで。あと一人をどうしようかってェ事になったが。三代将軍家光の時代ですから、そこで三人の中で誰か一人を選んで二つつくらせたらよかろうという案も出ましたけれども、さて誰に二つ彫らせる事にするかという……これもどうもあまり面白くない事だし、誰か一人見《め》っけてはどうかという事になって、いろいろ探したがこの三人に匹敵するような、名人はそうざらにはありません。

するとあの大久保彦左衛門というお爺さんで、あの方は皆さんご存知ですね。ご意見番であり、なかなかやかましいお爺さん。あたくしは交際《つき》合った事はないけれども……。たいへんこの頑固な人で。ま、ご意見番というくらいですから歯に布《きぬ》着せず、思った事はばりばり云うという。しかし、まァこらァ徳川家康公から仕えて、二代秀忠、三代家光とこれにご奉公しているし、人が一日も二日も置いていたというわけでしょうが。

大久保彦左衛門の推薦で、この彦左衛門という人が推薦をした職人がありました。これは甚五郎という名前の男で、のちに左甚五郎といわれた大した名人でございますが。

何故これを彦左衛門が知っていたかというと、当時江戸城の修理を致しますので……時折り方々傷《いた》みましょうから、名のある大工を江戸城へ呼び寄せて、あちらこちらと仕事をさせるわけですが、その時に橘町に住んでおります大工の棟梁、政五郎という者がある。仕事の一部を請けおってそこを直すわけですが、大勢連れてきておりました職人の中に、この甚五郎という人がいたわけで。もちろん江戸の人間ではない。山城の伏見という処におりました者で。これが江戸見物……旁《かたがた》、まァ江戸の仕事も研究をしたいというわけでやってきたので、政五郎のところへ厄介になっておりまして、ここで仕事をしていたわけなんですが。

ある日のことで、もう桜が大分盛りになりましたので将軍様、紅葉《もみじ》山へお花見をするというお触れが出ました。もちろん将軍様が花見をしようというわけで。それには早朝から先発として選ばれたお女中が大勢ですっかり掃除をして、こっからここへはこの幕を張り、ここには敷物を敷き上様はこれへお成りになるとか、こゝンとこへは誰方《どなた》がお坐りになるというような……ま、お女中方がすっかり仕度をしてでき上った。何時《なんじ》々々から将軍家がこれへおいでになるというわけで。

すっかり仕度はでき上ってしまったが、上様お成りになるそれまでは時間があるので、そこは若いお女中の事ですから、この間に、鬼ごっこでもして遊びましょうよ、というような事で。若い娘達ですから、いやもう実に潑剌たるもので、キャッキャッといいながら、あっちへ駆けたりこっちへ駆けたりして遊んでいるうちに、年が若いから夢中になりまして、かえで、という一人のお女中がぱァーッと、駆け出してきたが。あやまってズズズッと滑って転《ころ》ぶとたんに、大事な桜の枝を折ってしまったんですが。つまずいたところが、いけなかったんですね。最も目に立つ桜を折ってしまったんで。元の通りにしてかえで……たってもう駄目だ……。さあびっくりして、役人達も集ったがこらァどうも直すといったって、急な事にはどうにもなりませんし、悪くすりゃ係の者が切腹をしなくちゃならないので、いやもうえらい騒ぎです。一同の者が蒼くなってどうしたものかといったが……。

すると、この噂を甚五郎が聞いたもんですから役人をかげへ呼んで、あたくしがうまく継木をしてごまかしてあげよう、どうです……というと、いやもう向うじゃ有難いことであるが、うまくできるかってェと、まあやってみましょうというわけで。

これから枝の裂けたところを鋸でもって切り落してしまい、この桜の幹へ穴をあけまして、そこへこの枝を突き刺すようにして、この継ぎ目というものが、錠前仕掛にくり込んだという。つまり継いだところへ人間が一人ぐらいぶら下っても枝が抜けないように工夫をこらして、この短時間のうちにこしらえたというわけです。知っている者が見りゃァそこに継いであるって事が分りますが、とにかくこれで何とか今日のところはうまくごまかそうというので、そのうちにもう時刻が来ましたから、もちろん職人達なぞはいずれかへ下ってしまう。

やがて家光公がお成りンなる。あちらこちら歩いてこの桜の前を幾度も通りましたが、いっこうに気がつかなかった。これでまあ、一同の者が命拾いをしたというわけで。実にどうも大したもんだ、あの職人は偉いもんだという……。彦左衛門が厠《かわや》へ入っていたが大工達が大勢話をしているのが、ちらッと耳へ入った。

自分もあとで行ってみたがその仕事は実に大したものです。そこで、甚五郎という名前を記憶していたわけなので。三人しきゃいない、もう一人という時にそれではあの職人ならばこれをやらしてもけっして劣る事はあるまいというので、ぜひ甚五郎にというので推挙をしたわけですが。

弁天へ願掛け　そこでいよいよこの仕事にかかろうという事になると、甚五郎がそれまでに龍というものを彫った事がないので。その数年前に、上野不忍池に弁天様をお祀りをしたので、この弁財天に願をかけました。三・七と申しますから二十一日の願掛けをした。

「あたくしは龍というものを見ておりません。今度《このたび》晴れの仕事をするについて、どうかその姿をご利益をもって見せていただきたい」

ってンで、一心に拝んだわけですが。

ところで今日は満願。二十一日になったがまだその姿を見せてもらえません。神前に、

「今日は満願の日でございます。どうか一目でもよろしゅうございますから、本当の龍というものをばあたくしに見せていただきたい。手前一人《てまえいちにん》のお願いではございません。この晴れの仕事を致します、後世に残るものでございますからどうかお願いを致します……」

と、一生懸命拝んでそれから帰ろうというので、御堂から橋へかかります。すると、向うからまことにいい女で……美人がこちらへやって来る。甚五郎とすれ違ったから、

「いい女だなァ……」

と思って、甚五郎もそれへこう振り返る……。

とたんに身を躍らして、どぼォん、と池へ飛び込んだんで。はっと思うと、見る見るうちにこれが蛇体となりまして、龍でございます。これが鱗をさか立ててすうッ、と波を蹴って泳ぎ行く……それを見た甚五郎が、

「ああッ。ありがたい」

と、歓喜の声を発した……。

その時にはっと目がさめた。すると疲れたもんですから橋へ倚りかかって甚五郎、いつともなく寝ていたわけで。揺り起こされてひょいッと見ると、たしかに夢の中とはいえ、今自分はその龍を見たわけで。

「ああ、これはご利益。ありがたい」

すぐにこれから帰りまして、その印象の鮮やかなうちに彫り上げようというので。これから鑿《のみ》を取っておしりの方から龍を彫り出したが。鱗をこう逆立てているところ……。

醜男の龍　しかし他の人のはまことに綺麗なんですが、この甚五郎てェ人のは何か他の三人とは違うんですね。木賊《とくさ》で磨いたりなんか、そんな事はけっしてしない。他の三人とは骨格がまるっきり違う。ほかのはみんなきゃしゃしゃに優美にできている。

ところが甚五郎のは何だか鱗が鮑ッ貝を並べたような、それに顔を彫ってみるてえとおでこが出てね、顔もばかに大きいし、ひげなんぞは荒縄をぶら下げたように実に頑固でね……醜男なんで。醜男ってえとおかしいですけれど……そういったような顔をしたいかにも無骨で山出しのような龍を彫り上げた。これを見た人がぷッと吹き出したんで……。どうしようてェ事になった。しかしこらァまァ、今さらいけないってわけにはいかないから、とにかく上げてみようというので、他の三体と一緒にこの上に龍をあげましたんですが。

ところが下で見ると、いやに鱗が大きく、ひげは太く、荒々しいようですが上へあげてみると他の三体の龍はまるっきり目立たない。甚五郎のだけが生き生きとしている。見ていると今にも躍り出すかという勢い。

つまり絵でいえばこの繊細な緻密な絵を描いたのと油絵の、違いがあるようなものです。傍で見て何だかわけの分らなかったようなのが遠く離して見ると、甚五郎の龍だけは実にどうも傑出して生き生きとしている。これが西の方へ向いた欄干です。

これができましたのが寛永八年の九月だそうです。とにかくも大した名作であるというのでおほめの言葉を賜わり、ま、推薦をした大久保彦左衛門も鼻高々というわけで。たいへん良かったんですが。

水飲み龍　それからのちになるてえと、妙な事を発見したんで。毎朝、鐘楼堂の甚五郎の龍の前のところに、雨も降らないのに何かこう龍が水に濡れているんですね。土の上はたしかにしずくがたれている。してみると毎晩龍が不忍池に水を飲みに行くのであろうという事で……。こりゃァたしかに抜け出すんですね、精神がこもっていたから。

上野の不忍池で抜手を切って泳いで、爪の先で緋鯉の鼻面をひっかいたりして……。翌る朝ンなって緋鯉が涙をこぼして「昨夜はどうもヒゴイ（酷い）目にあった」なんて、愚痴をこぼしたてェが……。まあそれはどうだか分らないけれども。これはあまり水を飲ましては体によくないという。そこで足へ鋲を打ちまして足止めをさしたわけで。それからというものは龍が池へ出なくなったなんといい伝えておりますが、こらァどうもねえ。信用のできるようなできないような、妙な話ですけれども。これが水飲み龍といいました。今残っていたらまァ東京名物になるところでしょうけれども。

ちょうどご維新の時に官軍の隊長で、篠原という人が大砲を打ちこんだ。その時に火災をおこしましてお寺や、この鐘楼堂もみんな焼けてしまいました。まあ実にどうも惜しいものでございまして。これは、上野不忍池の水飲み龍という話が残っておりますが、真偽のほどは分りませんけれども。

『猫怪談』それから落語の方で、不忍池ンとこでは、『猫怪談』という、噺もあすこを通るわけですが。

与太郎さんという人のお父っつぁんが死んで、羅宇《らお》屋の甚兵衛という長屋に住んでいる人と二人で、大家さんが提灯《ちょうちん》を持って案内をしてそこを通りかかる。もちろん真夜中で。すると早桶の底が抜けてしまい、中から仏様がにょこ、にょこッ、と出たんですが、安物の早桶。だいたい今は、早桶と云ったって分らないでしょう。つまり死人を入れる棺のことです。あれを早桶といったんですが僅かの時間に、とんとんとこしらえてしまう。昔はあの棺というものは絶対こしらえてはおかないものでして。店へ行けば何にもない。今死人ができたからといって頼むと、「へえ。よろしゅうございます」といって、それに備えの材料はもうちゃんと寸法をはかり揃えてあるわけですが、こいつをすぐに、とんとんとんとんやって急いでこしらえるので。丸ァるい桶ですね、竹のたがをはめてこしらえるわけです。誂えがあって直ぐこしらえるんで早桶という名がついたんでしょう。

これもね、いろんな大きさがあります。規定はちゃんとあるわけなんですが、明治になってからでしょうが……並一、並二、なんと名付けまして。並一というのは普通の男の人が入るもの。並二というのはこれは型が少し、小さくなる。婦人用です。これでちゃんと納められるわけですが。しかしこれが大きくなりますてェと普通じゃ入らないので大一番という早桶があって、ずうーっと形が一まわり太くなります。これには体《なり》の大きい人がはいる。それでも入らないのがある。お相撲さんみたいな人だとか、ず抜けて大きいのがあると、これを入れるには、ず抜け大一番というのがある。特大って奴ですね。普通のサイズじゃ間に合わないという。

そういうのがあったわけですが、とにかく早桶の底が抜けちまっちゃしょうがないから、そこで与太郎を一人おいて家主と羅宇屋の甚兵衛さんというのが、早桶を買いに行くというんですが、今の車坂から菊屋橋、あの方面に向ってどっかにその商売があるだろうから探そうというので出ていくわけです。

提灯が一つで、持って行かれた与太郎が、死骸を前へおいて早桶はバラバラになっちまってるから死体《ほとけ》はむき出しで寝かせてある。するとこの死骸がぴょこぴょこと動き出す。

これは、死骸へ大きな猫がね、息を吹っかけて死体《ほとけ》を動かす。俗に魔がさす、といいますが。ごく古い猫になるってえとそういう悪戯をするんだてェますが、ぴょこぴょこぴょこぴょこ動き出した。与太郎の前に坐って顔を見て仏様がけたけたッて笑う。

いくらばかだってね、そりゃびっくりしますよ。ぱかッと横ッ面を殴るてえと死体《ほとけ》の方もそれへ倒れてそれっきり動かない。と、与太郎がどうしてあんな事をしたんだろう、俺に何か云い残したい事があるんで、事によるてェと喋ろうとしたところを俺が横ッ面殴ったんで怒って寝ちゃったのかも知れねえ、もういっぺん喋るように頼もうかしらってんで、いやたいへんなばかですから、もっとひょこひょこしてまた何か云ってくれって頼むんですよ……。

するといったん寝た仏様がまたぴょこぴょこって動いて、今度はすうーっと死体《ほとけ》が立って上へぴょこん、ぴょこん、と跳び上る。と、与太郎がこれをみて、やァお父っつぁんは上手だってンで、手を叩いて囃している。そのうちに山の方からぱあーッと強い風が吹いてきたかと思うと、仏様がすうーッと舞いあがって見えなくなっちまった。そこへ早桶を買って二人の者が帰ってきた。方々探してみたが分らない。死骸がないので与太郎に聞いてみるとこれこれだと云う。これァびっくりいたします。

夜が明けてから、七軒町の質屋の土蔵の折れ釘のところへ、この死骸がぶら下っていたという、ここでまた早桶を買ったので、一つの死体《ほとけ》で都合三つ早桶を買ったというわけで。『谷中奇聞猫怪談』という。あたくしもこれは演りますが、こらァまァ池之端をつかった噺ですが、その他にはあんまりございません。

『真景累ケ淵』　あれから先の方へ行くと人情噺なぞにはずいぶん出ます、根津七軒町てェところにこれは富本豊志賀という師匠が住んでいた。その前には皆川宗悦という豊志賀のお父っつぁん。盲人ですが、これが小石川の深見新左衛門という旗本に貸しがあるというので催促に行ったが。殿様が酒乱で、口論の末にとうとう斬られて死ぬ。そして家来に云いつけてつづらの中へ入れて捨てさせるわけですが、これが捨て場所に困りあっちへまごまご、こっちへまごまごして七軒町へ持ってきて捨てたというわけで。

これがそもそも、『真景累ケ淵』というものの始まりになるわけなんです。その宗悦や娘の豊志賀が住んでいたというのが根津七軒町。

それから谷中清水町というのがございましたが、あすこは元は、清水谷といって萩原新三郎という浪人者が住まっております。と、これに牛込軽子坂の飯島平左衛門という旗本の娘でお露というのがお互いに惚れ合って……。死んだあと谷中三崎村からこの幽霊が新三郎に逢いにくるという。これは、『牡丹燈籠』の方でございますが。三崎村というのがあります。字で読んでみさき、という人がある。みさきじゃない。さんさき村という。

その他に谷中七面前という、今でもありますが、七面山様をお祀《まつ》りしたという。その前に下総屋惣兵衛という質屋があった。ここへ豊志賀の妹のお園というのが仲働きという、女中奉公をしておりました。

昔はあの、女中といっても一人だけではなく、幾人《いくたり》も大きい店《うち》では使うわけですから。仲働きというのはこれは主にご主人の方の用をするわけで。水を汲んだり、洗濯をしたりそういう事は下《しも》の女中がするとか、大きい店《ところ》になりますと権助というものがいたわけです。権助というのはこりゃ男ですね。たいてい越後から出て来たといいますが、下男《しもおとこ》です。

そうでしょう。昔は水を汲むと云ったって奉公人が二十人、三十人。大勢いるところじゃ、ちっとやそっとじゃないから、ご飯を炊くといったってたいへんです。今のようにスイッチを入れて自然にご飯ができ上るなンというんじゃない。五升炊きとか、七升炊きとかいうような、つまりいっぺんに大きな釜でご飯も炊かなきゃならない。さァそうなると、水だってあなた、よけいつかう。大きな水瓶へ始終この水も一杯に汲み込んでおかなきゃならない。

それに第一薪を割るってェ事が……。焚きものを使うにゃねえ、どうしても薪ですから。あれは割ってない品を買うわけなんです。それでこの薪を割らなくちゃなりませんから。このくらいならちょうどいいという太さに薪を割ってこれを竈の下へ突っこんで燃やすという。荒仕事ですから、こりゃとても女にはできません。そこで下男というものが大きいお商人《あきんど》などでは、いなくちゃならない。

それからやはり台所の用をする女中がいるので、仲働きというのはつまり奥の方の掃除だとか、あるいは針仕事。そういうものも稽古をして、「これを縫っておくれ」「はい」ってンで、綻《ほころ》びを縫うとか、まあ大きいものは専門へ出すけども。だから浴衣ぐらいならば女中に縫わしてもいいというような事で、そういう仕事ができなきゃなりません。

それにこのお園というものが奉公をしていたので。これを新五郎という、お園のお父っつぁんの宗悦を殺した旗本の倅がここへ奉公して、それでお園に惚れてついにこの新五郎が、あやまってお園を殺すというような事件もあります。これはあの辺でございます。

根津の廓　それから根津総門前というのも噺の中へよく出てきますが、これは東照宮をお祀りしてありますが、あすこには根津の廓というものがあの界隈にあったわけで。ところが、あの根津の廓というものはたびたび潰れたりまた再興したりしたんです。たいへんに繁昌はしたんですけれどもね。ま、とにかく本来ならば、吉原だけでなければいけないわけなので。吉原というものは前に申しあげたように公許になっているわけで、政府から公然と許されたもの、ところがあとはみんな公許ではないわけなんです。まあやはり広いんですから、吉原だけではやっぱりいけないので。諸所にそういうものがちょいちょいとできるわけなんですね。この根津の廓というものもできまして潰されて、しばらく経ってェとまたできるというようなわけで。ところが明治の元年でしたか、この願いを出して一時閉鎖されていた根津の廓というものがまたできたわけで。こりゃたいへんに繁昌しました。便利なところですからね。吉原近辺の人はいいでしょう。けれどもまた下谷、神田、小石川、本郷、あっちの方の人は根津の方が近いし、それに従って吉原とは違いお値段の方も安くなるでしょう。便利でいいというので、根津の廓へどんどん行く方もあり、これが繁昌をしていたが、明治二十年になってこれがまたいけないって事になったのは、今の東大というものが、昔は帝国大学といいましたが。

若い人達ですからやっぱり傍にあれば、どうしたって遊びに来るわけで。こういうものをおいては、はなはだ風紀上よろしくない。しかし昔のように潰しちまってそのまンま、知らん顔をしているなんてェわけにはいかないので、そこでこれは移転を命ぜられましてね。洲崎というところに、深川でございます。あすこへ廓が全部引けてしまいました。

その引けた当時は、ここを新地々々、といったそうです。洲崎の事を。あたしも洲崎の廓というものは行ったことがありますが、なかなか大きな店もあり繁昌しておりました。

とにかくもういっせいに今度はなくなってしまったというわけで、この根津の廓なんぞにもずいぶんいろんな噺がある。『仇討札所の霊験』なんという、やはり圓朝の人情噺がある。ここで水司又市《みずしまたいち》という侍が増田屋の小増《こまし》という女を見染めて、これがそもそも事のおこりで。

上野の鐘が唸る　それから今度困ったのは今の地図を見るとですね、あの昔でいう二つの区がこうくっついちゃってるわけで。浅草と下谷がくっついて台東区になる、それから京橋、日本橋が中央区ですか……そういったもんでね。古い地図ってンですが、なかなかどうもその見《め》つかりませんでね。だから少々ぐらいわきの区へはみ出しているか、何だかあたしもはっきりしない。

ではそろそろまた、元へ引っ返すことにしまして。さっきも上野のお山の話をしましたが。あたくしどもが演る噺の中に、

貧乏をしても下谷の長者町
　上野の鐘の唸るのを聞く

という狂歌がある。

これはつまり貧乏長屋にいても上野の鐘は始終聞いている。『上野の鐘の唸るのを聞く』ので……この裏には何かそれだけではなく、もう一つの事が秘められていたように聞いた事があります。暗に諷刺したという事です。

上野の東叡山。ここはたいへんにお金があったという事を聞きましたがね。金というものはまた妙なもので、ある人はないような振りをするし、ない者はあるような振りをする。両方反

対の事をする。我々貧乏人は何だてェと金のあるような顔をして、「あァいいよ」ってな事を云ってね。なに、腹ン中じゃちっともよかァないんだが。けれども何とかしてあいつはけちだって云われたくないとか、貧乏だと思われないようにそれを隠すがために要らざるところでよけいな金をつかったり何かするので、つまりないくせにあるような振りをする。また金のある人だてェとけっしてそんな事はしない。「あたくしはもう貧乏でねえ」なんて。貧乏でねえ、ったってあなた、銀行の方にはずいぶん預金のある方でけっして貧乏ではない人だけれども。金持は、貧乏だ貧乏だ、ってンで。ない奴はありそうな顔をして貧乏を隠そうとする。まあ人間ってものは妙なもんです。

三つを欠く　昔からよく「あいつは金の番人だ」てな事を云う。しかしまァ他の番人と違って金の番をするんだから、けっして悪くもないでしょうけども。とにかく金を残そうというには人間たいへんなものです。三つを欠かなければ金というのは絶対残らないそうです。

三つを欠くという。つまり義理を欠き、人情を欠き、恥をかき……この三カ条を守らなければ金というものは絶対にできるもんじゃないという。あいつは金の番人だってな事を云う。番人てェと何か悪いようですけれどねえ。まあ人にたのまれてその金の番をしていなくちゃならないという。それからまた自分の金の番をする人もあるわけで。なるったけ使わないように、盗られないように、減らさないようにという。自分ではけっしてこれを使わないという人間がある。

だから古い諺に『槍もちは槍をつかわず』というのがある。昔はご主人の供をして槍もちというものがあってその槍を始終もって歩いているが、それじゃ持ってるからこれが使うのかってェと絶対使わない。いざという時には主人がこの槍をとって、槍をつかうというわけで。ふだんは槍もちが槍をもって殿様は持っちゃいないわけ。だから槍もちは槍をつかわない。

そこで番人といったって他人《ひと》の金を番をするか、自分の金を番するかの違いだけで。金持というものは絶対に自分の金は使わないので、これを使う時は死んだあと道楽な伜がこいつをまァ十分に使ってくれるという特権があるだけで。

大蔵省の番人をしても、日本銀行の金庫番をしていても同じ事なんです。しかし人間、借金をするって事はね、非常にこわい事なんで。若い人なぞもよく注意をすることですよ。今、広告が出てますがちょいと安直に金を貸してくれる。まァ金なんてものはちょいと借りたって返しゃいいんだからって、何の気なしに借りてしまったり何かする。これァね、たいへんな心得ちがい。金というものぐらいこわいものはない。

借金できりきり舞い　あたくしなんぞも若いとき借りた事がありましたがね。僅かの金なんですが、その金のために本当にきりきり舞いをした。今月はどうもふだんより稼いだな、と思うてえとこれを全部、みんな持ってかれちゃうんです。それで元金は少しもかえらない。利子だけテンです。それを払うのにもう一心に稼いでそれで、元金は減らず利子を払うにすぎない。長くそんな事をしていりゃだんだん、元金はふえる。つまり利子を元金の方へくり入れて書き替えるよりしようがない。元金がふえて利子の高はふえて、ふえないのは自分のふところだけ。減る一方という。

金というものは実にこわいもんだなと思った事がありますので、だから借金をする方もこわいし、また貸す方でもこわいでしょう。

大名の借金　昔はこのお大名なぞもずいぶん町人から金をかりたそうです。大昔はこの豪商というものがありましたが、商いをしてずいぶん儲けるので、こういうのは大名のために潰されてしまう。どうしてだってェと、お大名だって金はそうありませんからね、巨額の金を借りるわけで。また持ってる方でも相手が大名であり、これァまァ警戒はしちゃァいますけれども、借りる方もいろいろの策略をめぐらして、とくに諸侯の番頭なぞというものは金を借りる職務で京都に住んで、金を使って豪商をいろいろその籠絡をするわけですよ。料理屋へ連れて行きご馳走をし、殿様の大切なものをこれをその人に下さるとか、あるいは帯刀を許し士分の扱いをする。帯刀というのは刀を差してもいい、町人というのは刀を差してはいけないんだが。だけど特別の許しがあってこの方から許されて、お扶持をいただいているとか……お扶持ってのは月給をくれるわけです。

こらァもう名目だけで僅かなもんなんです。けれどもそういう名目があると、「当家の家来と同様である」というので、何かことがあったときには、「わしは何処そこの大名の家来になっているんだ」というと、相手がこれでちょいと、へこんでしまうてえわけで。「何だ。そういう奴と喧嘩をしちゃつまらねえ」というような事で。損をするから相手があまり強い事を云ってこないというわけで。そんな事で籠絡するのですね。「それで、当家も困るから金を貸してくれ」と云われる……。そんならまァ大丈夫だろうてンで貸しますが、いよいよとなってこの金は返さない。借りっ放しというわけですね。踏み倒す。

ところがその元禄時代までは大名が町人を踏み倒しても、幕府の方では別にそれに対して、とやこうは云わなかったんですが。訴えたところで、当方では存ぜぬことであるからその方で何とか解決をしろって事で駄目なんですね。だからつまり借りた奴の方が強くって、借りられた方が弱いんだからどうにもしょうがない。

五百万両　それがために町人の豪商といわれた店《ところ》がばたばた、潰れた家はこらァいくらもあったんです。だが末になってくるとなかなかそういうわけにもいかない。それにいくら侍だ、侍だったって、威張っても金がなきゃどうにもしようがない。そこで、「彼は町人である」とか、何のかンのてンで見下《くだ》した奴に、今度は頭を下げて借りなくちゃならないてェ事になる。

貧乏をしても下谷の長者町

上野の鐘の唸るのを聞く

これは暗にこの、上野東叡山で金がうなっているという事を暗示した歌だといいますが。もちろん、この座主《ざす》というものは皇族でございます。一品《いっぽん》親王という方がここで一番偉い方で、もちろん上野のお山というと敬意を表したもので。

けれども金も要るでしょうしねえ。なかなか財政も困難になってきたので、手許不如意であるというので幕府から金を借りるんだそうです。五百万両という金を上野へ政府から貸すわけで。この利子というものが一カ年に五分というわけで。つまり五分というのは、五百万両借りるんですから、一カ年二十五万両の利子を払う。

だけどもそれを借りっ放しにしておけば、その利子は幕府へ納めなきゃならない。

大名へ又貸し　そこでその金をまたさらに上野から、大名へ貸すんだそうです。つまり金を借りろという、半ば命令的なもの。それァね、喜んで貧乏だから、じゃァお借りしましょうってェのもあり、別に金は借りなくともいいというところもある。けれどもお前に金を貸すからこれを使いなさいというわけで。強制的なんだから、これは要りませんてェわけにはいかないんです。それでは有難くお借りいたしますというのでね。中にはちっとも有難くなく涙と共に借りるのもあるでしょう。

つまりその利子がいくらだってェと、一割とるんだそうですね。つまり二十五万両政府へ払って借りた金を、また五分の利子を自分の方で儲ける。だから黙っていても二十五万両という利子が入るってェわけ……こらァたいへんなもんです。相手が大名だし貸す方は宮様なんですから、向うでもその借りっ放しにしたり、義理の悪い事はできないわけで、今度は自分の身分へ関《かかわ》ってきますから。そしてまあそらァ金を貸すったって、禄高《たか》に応じて向うがよけい借りるたって、小さい大名じゃ貸しません。これは禄高《たか》がいくらいくらとっておるからこれにはいくら、この者にはこれだけの金を貸してなんてんで、向うで勝手に決めちまって呼び出して、否応なしに金を貸してくれる。くれるのはいいが、年一割の利子を払わなきゃァならないってェわけだから。

宿坊　それにはこの上野の山に宿坊というのがあったんです。この宿坊というものが大名によって誰は何処の宿坊、彼はここの宿坊というのが定まっているのは、必ずお墓参りをしなくちゃならない。上様という、つまり将軍家が上野へ行く、その時にはお大名もお供をしてこれに参拝をするというわけで。

仕度をするのに宿坊というものが、自分のがちゃんとありますからそこで仕度をするというわけで。だからこいつはどうも、宿坊はいらないてェわけにはいかない。もうちゃんとその時分の法律で決められているわけです。

この宿坊というものが請け人になって宮様からお金を借りるわけで。だからどんなに貧乏をしたってその金は返さないなんてわけにはいきませんから。元利そろえて一年分のものはちゃんと持って行かなきゃならない事になっている。

見せ金　それでこの返す日がちゃんと決っているんですってね。十二月の一日から十日までの間に必ず向うへ持ってってお返しをするのだが、それは返しっ放しじゃない。いわゆる見せ金というやつで。利子だけは向うへ。「あ、さようか」ってンで、受け取って。そしてさらに三十万両借りた人は三十万両、また貸してくれるわけで。五十万両借りた者は五十万両、利子だけを向うへ納めて、それでまた借りるてェわけなんです。どうしてもその時はちゃんとお金を持って行かなくちゃなりません。けれどもそんなに裕福なお大名ばかりはないし、さアこのお金をもってくのに困る。ところがそれはそれで、ちゃんとまた金を貸すところがあったそうですね。これは豪商で金を……一日だけ貸すわけです。これがいやもう、高い利子を取るんだそうですね。けれども何でもかんでも、それだけの金額が揃わなくちゃならないんだから、それで金を借りて千両箱をばいくつってンで積んで、これへ護衛が付いて向うへ持って行く。

そこで利子だけは納めて、じゃまた次の一年をというんで、金を借りてくるというわけで。結局どうも手数のかかった事をするだけ損なようですが、やはりこれは規則でそうやらないわけにはいかない。だからこの一日に金を貸す奴もずいぶんぼろい儲けをしたんでしょう。こいつァ取りっぱぐれはないわけなんですが、その金はすぐまた一日のうちに返ってきてしまうという。

そういう事をしたために、上野のお山というものはたいへんに裕福でした……。ですからあのご維新の時の戦争がなければ、ずいぶんいいものも残り、上野の山というものは今と違った結構な建築物も残っていたことでしょうが、考えると惜しいことです。

鈴本亭、本牧亭　それから話がまた元へ戻りますが、鈴本亭という現在寄席がございますが、あの傍に元講談席でしたが、今はまあ、いろいろなものを催しをあすこでやったり何かする本牧亭という、あれはやはり鈴本の一家でございます。

だいたいこの上野に席ができましたのは本牧亭の方が先で、これは明治の初年と聞いておりますが、本牧亭という名前をつけた。どういうわけでその名がついたんだろうと思っていたら、傍に金沢という、これは金沢丹後といいますが非常に有名な菓子屋さんがあったんです。神奈川に金沢八景という処がありますね。で、それにちなんでその金沢の傍だから本牧という席を建てたという。

しかしこれはただ金沢の傍で本牧という、洒落なんだと今の人は思うでしょうがそうではなく、明治のごく初めの方ですと横浜というところは異常な発達をいたしまして。もうそれまではもちろん、田舎だったんでしょうが、急にいよいよ日本というものも諸外国と交易をする、それにはどうしても東京に近い横浜なぞにはどんどん船が入ってくる。時代の先端をゆく、これが横浜でございまして、東京にはないものが横浜にはいくらもあったんですから。

それで、輸入物だてェと、「いやァ。東京にはないから横浜へ買いに行こう」なんぞと、あたくしの子供時分にもまだ言っていたんですから……時代の先端をゆく。それと生糸というものので、どんどん儲ける人があって横浜は異常な発達をしたんです。

だからむしろ東京の方が横浜に憧れていたというところがあったんですね。それでこの金沢の傍だから、本牧亭という名前をつけたという。これはその時代相というものが非常にあたくしはあらわれているもんだと思う。

金沢丹後　この金沢というお菓子屋さんですが、これがなかなか江戸時代からの有名なもので、一家ですか本店ですか知りませんが、本石町にございますので。

本石町二丁目金沢丹後、元禄時代からあった有名な菓子屋さんで、享保三年、一七一八年に出した、ちらし、広告文がありまして、それにはこんな事が書いてある。

現金安売

一、御ぜん、のし餅、百文に付、五百五十目に売出し申候。尤世間に安売御座候へ共、此方餅は、ずいぶんぎんみ仕候、御かいくらべ下さるべく候、其外むし菓子類、干菓子類、何にても菓子一円、ぎんみ仕、値段げじきに（安くという意味）仕差上げ申べく候

本石町三丁目　金沢屋丹後

それから上野の店のあった場所はというと、今あの上野広小路の方から行きますと左へ入る、仲町通りというのがあります。それへ入ります向う側、あの大通りの角に、花やというあすこに料理屋さんがあります。ちょうどそこんところらしいんですね。あすこは今は一軒になってるが往来の幅をひろくとったために、それだけの家がけずられてしまっていますが、古い地図を見ると五、六軒ぐらいはまだあの池之端に家が並んであったんです。

その時代にそこンところにこの金沢丹後という店がありまして、そして本牧亭もやはりあの広小路から行って左側ですから、そこで本牧亭という名前をつけたというわけですが、のちに鈴本と名前をかえまして興行するようになって、それから一時は本牧亭というものはなくなってしまいましたのですが、これも戦後になって二十三年かに本牧亭というものを建てましたのです。

いろは茶屋　それから上野の山下にいろは茶屋という、これは私娼窟でございますが。これはなかなか一時は盛ったものだといいますが、これはずいぶん川柳がたくさんあります。

主にここに来たお客様というのはお坊さんがやはり多かったんです。上野の山にはどっさりのお坊さんがいたんで、これらが上顧客《じようとくい》。

武士はいや町人好かぬいろは茶屋
凡俗の及ばぬほどにもてるとこ
いろは茶屋俗を引くには骨が折れ
留めるなよ仏がくるといろは茶屋
いろはでの口説《くぜつ》づくにう呼ばりする

こんなとこで。これはまあそのいろは茶屋。今の上野駅あたりだったんで。あすこは火除地といいまして。つまり火事でもあったときに燃え移るような、すぐ周囲《まわり》に建て物があってはならんというので空き地にしておきました。焼けてきてもその向うまでで。お山の方には燃えつかないようにそこに余裕を持たせるんです。それで火除地としてあったんです。今は山下というと広小路から行って、向って左側ばかりのようですが昔は上野駅あたり、あすこもやはり山下といったんです。

盲人と女の相撲　それからこの相撲というものがここらで興行したことがある。もちろん、まあ本相撲じゃありませんが、明和とか天明とかに女同士の相撲というものがずいぶんあったんですってね。それから明治二十三年頃に両国回向院内で興行したが、あまりに醜態なので警視庁からやってはならんというので禁止令を出し、その後女相撲というものはなくなったといいますが。

看板なんぞに描いてあるのは女相撲はいずれも妙齢な十七、八の美人揃いで、これがその相撲をとるというので。どんなんだろうってンで中へ入ってみるてェと、あにはからんや、そんな若い綺麗な女なんぞは出てこない。

そうでしょうねえ。相撲でもとってやろうってンですから、大年増で色が黒くって、そりゃァもう美人なんてェ者は皆無、ないという。

それからこの上野の〝はかま越し〟で興行したので珍しかったのは盲人と女の相撲があったという。これはちょうど文化九年といいます。西暦で一八一二年。この山下で興行をしたという。

力士東西に分れ、十一名ずつ揃ったという。女は乳母《おんば》さんだとか、まあ年増だが相手だけに人気を呼んだわけで。看板は大坂初下り、前代未聞という看板をかかげている。物好きな江戸ッ子連中ですから、こらァ珍しいからってンで押すな押すなの騒ぎで、お客様はなかなか入りが良かったという。

この盲力士は、武者振《むしやぶるい》、向う見ず、杖ケ嶽《つえだけ》、笛の桜、佐栗手《さぐりて》、夏嬉し、杖の音、烏羽玉《うばたま》、辻の音、足駄山、揉《も》み下《おろ》しという。それで女力士の方は、玉《たま》の越《こし》、乳ケ張、花の山、知恵の海、姥《うば》ケ里、腹矢倉、貝ケ里、色気島《いろけじま》、美人草、年の甲、穴ケ淵、という。

これだけの力士が東西。行司が志村正兵衛、目倉島、美面山という三人で、この相撲を始めましたが、そもそもこれを始めたという動機が変っております。ある裏長屋に住んでいる按摩の夫婦が冬になるてェと、夜、人々が寝静まった頃にどたんばたんの大騒ぎ。近所じゃ夫婦喧嘩だと覗いてみるとね、相撲を取っているので。何だって毎晩相撲をとるんだてンで、聞いてみると、何しろ蒲団が薄くってとても寒いので、相撲をとって暖まってその勢いで寝るという。それをある香具師《やし》……テキヤが「なるほど、これで一つ興行してみよう」というので、これがヒントでこれからおいおいに、力士を集めて興行をしてみようという事になった。昔は寛大でございますからこれだけなれば当時、何でもなかったんですけれども、その興行中に大事件ができましたというわけで。

いったい、この女力士の多くはまあ、すこぶるつきの醜女だと云うが、中に色気島というのが二十《はたち》ぐらいでちょっとした女で、ことにお相撲さんだから肉付が至極いいというわけで。いっそう見栄えがしてね。いやもう、これが土俵へ上がるとやんやという人気者で。すると、これがまた西国藩の勤番侍の某《なにがし》がえらく夢中になって、この色気島を料理屋へ招いて金をやったり何かし、口説いたんですが……。どうしたわけか見事にその肘鉄砲をくらったわけなんです。これであなた、侍が怒って、可愛さ余って憎さが百倍。おのれ、何とかして恥をかかしてやろうというので。

その翌日、今度は盲力士の方を残らず招《よ》んでこれに馳走をし、祝儀をやり、こうこうこういう事をして、明日《あした》ひとつ色気島をこういうふうにしてくれんかという。首尾良くいったらまた祝儀を取らせるからというようなわけで。「ああ、よろしゅうございます」ってンで、これが引きうけて帰った。

と翌日、色気島と何それという取組みの時に、この盲人力士が総出で手取り足取り、この翻弄した揚句に、まわしまで外してしまったわけで。満場はもう割れるばかりの騒ぎで。ところがその時折り悪しく、市中見回りという役人が来ておりまして、ついに営業停止を命ぜられたというわけです。ばかな事をしたもんで。当時の狂句に、

盲さがしについつかまった柳腰

という川柳がありましたが。

『忍岡義賊隠家』

上野で思い出しましたが、『忍岡義賊隠家《しのぶがおかぎぞくのかくれが》』という、やはり圓朝の作でございますが、これは泥棒ばかりが出るという噺で。のちに『忍岡義賊隠家』というのは、こりゃどうもいけないというので、明治になりましてから改題をいたしました。『緑林門松竹《みどりのはやしかどにまつたけ》』という。緑の林とは何のことかと思っていたが、これは昔中国漢の時代に、王莽《おうもう》という人物が皇帝の位を奪い取り、漢を改めて新《しん》、としたんです。漢を新にして、かんしん、させようと思ったがうまく行きません。非常に国が乱れて国民ことのほか生活に苦しみ、緑林山という山に集りまして、ここを根拠として盗賊となった。後世盗賊のことを『緑林』というようになった

といいますが、新の国はわずか十五年の後に亡び、再び漢の国が復興したと申しますが、これが即ち前漢、新、後漢、というんだそうですが。ぜんかんの終りになったが、新じゃァいやだ……死ンじゃァー、なんて云われて……再び漢の代にかえったので人々が安心して元に帰り、国も復興したという。民衆こぞって漢を称えたとの事で。人々が、こうかん（後漢）を持ったからだというが……あまり当てにはならないが。泥棒が大勢出る噺なので、この表題をつけたものでしょう。

広徳寺の門　もう一つあたくしが覚えているのにあの広徳寺というお寺があります。昔はここはもっと大きかったんだそうですね。境内が広くって、それで見世物なんぞが出たりなんかして、やっぱり一つの盛り場になっていたというわけで。ここの確か門でしたが、普通のものよりは何か背が低いんですね。これはなンか、左甚五郎の作だとか云いますが。あやまってつまり背を低くしたんだとか、あるいはその地震の時や何かにはそれだけにしておくと絶対倒れないという、何かその因縁があったという。

あたくしはこの話はよく知りませんけれども確かに見たには見ました、子供ン時に。ところがこれはやはり大震災の時にその門も焼けてしまったわけで、ついになくなってしまいました。

またかのおせき　それから申しあげたその緑の林ですね。これには下谷に小僧平吉という泥棒がいたんです。体《なり》の小さいところから人が小僧、小僧といった……小僧平吉という名がついたという。これと元、品川に女郎をしていた非常に美人で愛嬌があり、なかなか鋭い頭脳《あたま》を持っているんですが……ただ悪い事にはこの女が手癖が悪い。女郎をしていた時分に枕探しといって、これは客の寝ている間に紙入れに入っている金をそっと抜き取ったり何かする。こういうのを枕探しといいまして。またあいつが盗《や》ったんだと摑えて調べるてェと、このおせきという女が盗った……。またしばらく経つてェと盗む。

まあその時には、何とかかンとか涙でもこぼして実はこういうわけで、おっ母さんが病気だからとか……まあそこはうまい事を云うんでしょうが、中にはなかなかその手段《て》で解決のつかない事がある。またあの人が盗ったんだ……またか、またか、というんで。「またかのおせき」という渾名がついたという。

それがこの下谷の車坂で占者をしている。紫の被布か何かを着て頭は切髪という、後ろへ撫でつけて衿元ンところで、ぷつッと切っている。こういう事は、昔はその大変な事なんです。現在は後ろでぷつッと切るどころじゃない、刈り上げちゃってるのや何かありますが。

昔は女が髪の毛を切るという事は、これは姦通罪といいましてね。つまり夫ある女が他の男と関係を結んだ場合、その亭主が怒って……ま、お侍ならば殺してしまう。町人だってそのまンま許すわけはない。そういう時にこの女の頭の毛を切ってしまう。そして髪の毛が短かくなれば、ちゃんと普通の髷に結えませんし、ざんばら髪になってると「あァ、あいつは何かやったんで亭主に切られたんだな」という。頭の毛の伸びるまでは人中《ひとなか》へ出られないというわけで。ひとつの刑罰ですね、それで毛《け》髪を切った。

さもなければ、自分が切るという場合は、その連れ添ったご亭主が死んだ時に、もう再び他の男とは私は交りをしません。生涯を後家で通しますという、そういう表明に髪を切るというわけで……こりゃたいへんに立派でございます。ところがその、

切りどきの悪い茶筅《ちゃせん》に虫がつき

というこれも川柳がある。こりゃどういうわけかってェと、茶筅髷という後ろをぷつッと切った……また竹だってあれは切る時期《とき》が悪いてえと虫がつく事があるんだそうですね。だからいつの時期でも竹は切っていいてェ事はないわけで。だから悪い時期に切った竹には、せっかく細工をしてもあとで虫がついちゃって役には立たない。

だから女の切髪にしたところで、ただ一時の興奮で切ったり何かするけれど、あとでまた男の事でどうこうというような事件が起これば何にもならないという。虫がつくという……女に男ができる。これをその虫ってェましてね、虫になりたいなんて人もあるでしょうし……ひとしきり貝になりたい、なんという言葉がありましたけれども……。

旗本の女隠居　ま、どっちにしたってこの、女が頭の毛を切って後家さんになる……一段とまた器量のいい者は魅力的ですね。ましてや器量がいいしこのおせきという女が、易を見に来

るというその中で、こいつァ金を持っているとか、大分しだいがよさそうだなァと思うてェと、何とかかンとか云って時間を伸ばしてそのうちにお酒でも出す。品の良い女ですから、こりゃ旗本の女隠居という。

昔はよくあったもんですね。隠居をするという、旗本の女隠居という。ご亭主が死んだし……ま、自分はもう金もあるし。だから禁欲生活に入って、しかしどうもそれじゃ淋しいから退屈しのぎに易を見ているんだと、こういうような触れこみで。立派な家へ住んで、なかなかその家内の様子なぞも豪奢な暮しでありまして。酒や肴ともてなして、これはあたくしがご馳走をするから、まあゆっくりしておいでなさいというような……。

すると、男ってものはねえ、だいたいがおすけべい……いや何といってよいか……女にそうされて顔色をかえて逃げ出したなんて人はまあ……一世紀に一人あるかないかというくらい。なかなか得難いもんで……。ましてや相手が美人で、あァこれは俺に惚れたのかなァ、なんてェと、そこで、でれでれッとして。いい気ンなって飲んだり何かして、それでいざという場合になると彫物だらけの男が出てきて脅かされて、金を奪《と》られ厭な思いをしてつまみ出されるというようなわけなんで。まあそんな事を商売にしているというようなもので……『緑林門松竹』というのは、泥棒がたくさん出てくる噺でございます。

土富店のお祖師様　それから思い出しましたが、広徳寺の傍《そば》に土富店《どぶだな》というところがございますが……へんな名ですね。土富店というのですが、これはまわりにお寺がどっさりありまして四軒ある。

善慶寺、経王寺、蓮妙寺、長遠寺。

いずれもこれは日蓮宗でございますが、ことに長遠寺は土富店のお祖師様と云った。お祖師様を祀ってある。これはあたくしは子供の時に行ったんで覚えておりますが、立花家橘之助というう我々の方で女ではありますが大看板の人があって。あたくしの師匠とは非常に親しい。それで、そういう関係上でお前も来ておくれ、って、云われるとこらァもうその時分、大看板の人から声をかけられると無条件で勤めなければなりません。

奉納でございます。その縁日の日にお坊さんが人を集めてお説教をする。だけどもお説教だけじゃやっぱりお客も来ないし、そこで手のあいた者をばみんな来ておくれというわけで、昼間ですから行って、一席ずつ噺をしたり、各々の芸をそこでやるわけで。これはお金も何も貰えないわけで。つまりお寺へ奉納するんですから。

当時、十銭でしたか。出演をした者がお金を出すと、お寺でちゃんとお膳を出してくれましてね。朱塗りの何かこう立派なもので。これにはあのお芋の煮たんだとか、いろいろ野菜のものが多いわけで。お寺さまですからまあ、お刺身だとか天ぷらだとかいう、そんなものは出しませんが。たいてい精進料理みたいなもんです。ところがこれがなかなか美味《うま》かったんです。

その野菜が何処でできるのかってェとそのお寺の本堂の脇ンところ……どのくらいあったんですか。子供だからよく分りませんけれど、でもあれで二百坪や三百坪はあったんでしょう、空き地が。そこに畑ができてる。茄子であり、それからお芋であり、そういったような、きゅうりだとか……みんなその畑でできる。それを畑から採りたてを料理するんですから美味《うま》かったし、今の人が聞くとあんな東京の真ん中に畑があったてェとおかしいようですが、実際にそうだったんです。だからまだまだ、明治末期、大正の初年《あたま》ぐらいはそういう処がありましたが。

土富店のお祖師さま。大黒様をお祀りをしてありましたしこれへお詣りをする。それから昔のことでしょうが、この門前あたりには私娼がいたらしいんですね、やはり。ごく下等なもんでしょうが五十ぞうという、当時のお金で五十文で遊ばせるという。そういったようなところから土富店という名が付いたんですか分りませんけれども。土婦店《どぶだな》なぞという、当て字もつかいました。今考えてみると、非常に明治末期なんというものは、まだまだ呑気《のんき》なところがありました。

浅草

奥山　あれからずうーっと行きますてェと菊屋橋、浅草の方へ出るわけですが、阿部川町なんてェところがありまして。それからその先へ行くてェと左へ曲れば田原町、浅草公園。あすこは昔、奥山と云ったてェますが、あたくしが浅草公園を知った時分には、今とはずいぶん様子が違いますが、映画館というものはそんなになかったんですね。あるにはあったけれどもまだ本当に映画というものが興行になって出て間もなく、今思えばずいぶんつまらないもんですよ。

何か子供の時分に見たんですが、いろんなものを食べてるうちに、フォークとかあのナイフだとかそんなものを皆呑んでしまう奴がある。お腹がふくれてどうにもならない。すると今度は、お医者が来てそいつのお腹を裂いて中から、いったん呑んだナイフだとかフォークだとか取り出すなんという。何だか妙な映画でしたが、まあそんなもんでも喜んで見て……。それから泥棒が入って女をさらって行くのですが、それがボートにのっけて逃げるという。すると船からこの狙いをつけて逃げて行くボートに対して、大砲をドーン、てンで射つんですがね。考えりゃアどうもありゃ変な映画ですよ。女を乗せて逃げて行くのを大砲で射つというのは、少しこりゃひどいわけです。けれどもまあ当時は、そんなものを見てたいへん喜んでいたものです。

〝キネオラマ〟電気館、こりゃアその映画館ではなく、電気で何かしたという。いろんなものを見せましたね。

それから三友館という、これが現在《いま》浅草演芸ホールとなって、あたくしどももみんなあそこで興行をしていますが。あれが元三友館といいまして。この映画館は一つの特色があった。もちろん、洋画でございましたが、それをやったあとで、〝キネオラマ〟というものがあって、他にはないこらァ特色のものでした。子供の時にあたしは好きで、何か見たいものってェとこの〝キネオラマ〟が見たいって、よく行きましたがね。

今思えばね、大した物《もン》じゃないんですが。映写の前にさがっている白い布、あれがすうーッと緞帳みたいに上へ巻き上りますってェと舞台があって、これへ模型の小さい家があるとか、あるいは山があるとか、まあその時によっていろいろに変りますけれども、舞台に何かあってですね、そして初めに太陽が照射《あた》っているように、ライトでもってこう照らすわけで。これには例の説明がつきまして、一々舞台の脇ンところで説明してくれる。「一天にわかにかき曇り、雷雨激しく降りきたるのであります」とか何とかいう。

するてェとあの、ガラガラガラガラッと音がして、ピカピカッ、ピカピカッと稲光りがするてェと、さあーッてんで雨が降るんですよ。やがてこれをしばらくやって落雷で、えらい音がする。やがて雨があがるてェと向うへすうーっと虹が出る。「夕焼けの光景とござい……」虹が出る……と、お客がわあッ、てンで喜んで喝采をする。

ねえ……あなた、今の電気の事を考えますとこんな虹ぐらい出すのはわけないいんですが、昔はたいへんだったのかどうだったのかそりゃあたし共には分らないけれども、お客がまたそれを見てたいへん喜んだ。

そのうちにだんだんだんだん舞台が暗くなる。そして夜になるてェと、夜景の光景であります、という説明と共に、何かあるその建物にさァーッと明りが入って、ライトをここへ照らす……綺麗なところで。それがお終いンなる。これが〝キネオラマ〟という。

刀が縮む　映画よりこれが見たいわけなんですね。子供の時、あたしは好きでずいぶん見に行きましたが。それからおいおいに日本の映画というものも制作されてきました。けれども面白かったですよこりゃ。面白いってェのはねえ、つまり旧劇のものをやる。刀を抜くてェと角度によってこの刀がばかに長く見える事があり、こっちを向くてェと今度は刀が短ッかくなる。長くなったり短くなったり、幅が広くなったり狭くなったり、写す角度によっていろいろに変るんですな。まあそれだけ撮影の技術が進んでいなかったんです。

それと面白かったのが、あのお正月、それからお盆。お正月はもっとも元日から十五日まで、これは我々の方では一年中のかき入れで。小さい時から寄席へ出てますから正月休んだなんてェ事は皆無、ないわけで。お盆の方だってやはり忙しいんです。けれどもいろんな話を聞いたり、またお盆なんぞはちょっとその、見た事がありますが映画を。これが一日まあ四回なら四回興行というわけで、時間がちゃんと決っている。

ところがそういうお客が、うんと来るという時には五回から六回ぐらいな興行になる。回数をふやす。それじゃどんなに早くから始めるのかというと、そんなに早く始めたって入るお客の方じゃそうそうは出て来ませんので、真ん中の興行を、つまり仮に三時間やったもんならば二時間半とか、それ以上詰まれば詰めて、それで回数をふやすというわけです。そうすりゃお客様がどんどん入れ替って儲かるわけなんですから。

手引きの女　浅草なんてェところは大入袋というものが出たが、これがたいへんです。我々は大入袋を貰った事もありますが、これらはたいてい決っているんです。中身は初めは五銭ぐらいでしたか、それからややよくなってから十銭、五十銭、一円……今ですとまあ百円ぐらい入っている。これが五千円入ったり一万円入るなんという、そんな大入袋はありません。あたくしどもではもうきまってたいてい百円しきゃ貰わない。ただし浅草の映画館では、あたくしの子供から少し中《ちゅう》子供になってきた時代、聞いてみたらばたいへんなんですね。月給はいくらも貰わないんですが。手引きの女てえのが映画館にいました。真ッ暗になるでしょ……そうすると館内に案内をする女の子がいる。

「こちらへいらっしゃいまし」てンで、手をひっぱってってくれる。そして案内人はもう闇に目が慣れてるから、空いた席《ところ》へ連れてって腰をかけさせてくれるのですが、この手引きの女がやはり器量のいい若い女だてェとお客がよけいに入る。映画はどっちでもいいから、つまりあの綺麗な娘に手を引っぱって貰いたいなんという……人がずいぶんあってね。中へ入ってって、間もなく出てっちゃって。で、また木戸銭を払って入ってくる。つまりその、「こっちへいらっしゃいまし」ってンで、引っぱられるところがもう当人にしてみりゃ何とも嬉しいわけで。

こういうのは、その月給を聞いてみたらばかに安い。よくそんな事で勤めているなと思ったぐらい。ところがその大入袋が出る……これがまたびっくりしたんですね。

あおる　寄席の木戸というものがまだやっと十五銭だとか、二十銭。五十銭とはなかなかとれない。二十五銭ぐらいがつまりいい寄席の入場料。その時代に一日七、八円ぐらいは大入《それ》があったってンですね。何でそんなに貰うのったら、今云う通りその四回興行のところを六回やったとか何とかいう。どうしてそんなにできるんだってえと、今はあの映写機というものは電気でもって自然に、フィルムがある速度でまわる事になっているわけなんですが、昔はあれは、機械ではまわせないわけで。人間が手で回すんです。映写機を。そしてあの、写真を写し出していくというわけなんですが、これはもうやはり回す速度はちゃんと決っているわけで。この程度に回していればちゃんと写るというところが、物日《ものび》になると、この回すのに実に全力を注いで、ダァーッと回すんです。だからその映画の早いこと。ふだん見るとちゃんと歩いてる奴が駆け出す。カチャカチャカチャカチャカチャッと……。刀を抜いたな、と思うてェとチャチャチャッチャチャッてんで、斬り合ってぱたぱたッと死んで、ぱたぱたッといなくなる。何事にも早いったって。だからお盆や何かの時にはあおるってましてね。早く興行をすませようてンで。また見る方もじっくり見ようなんてンじゃないんだから……。

宿下りなんてェものは、分らないでしょうねえ、今の人には。年に二度しきゃ公休日はないわけなんです。一年にですよ。今は一週にいっぺんは休むとか、祭日も休む。それでもどうも少ないから土、日と休むべきであるなんてな事を云って……遊んでばかりいるんですね、あたくし達から云わせると……。あたくし達からってえとおこがましいけれども落語家は、はばかりながらね公休日なんてえものはない、我々は。

寄席は年中無休。ほとんどもう、年末の二十九、三十、大晦日とそのくらいでしょう。それもだんだん休みがなくなっちゃって大晦日まで出た事があるので。元旦てえとこれがまた、俄然忙しくなるというわけです。ほとんどもう公休日なしで働いたが。だけども人間ってものはね、遊びつけるとやっぱりいけませんね。何か休みをもっと欲しくなる。働いていればどうにもやむなく、それだけやらなくちゃならないから。だから休むと我々は、あまり長い休みだとかえって困ってしまうわけです。

昔はもうお正月の十五、十六。これのどっちか。それからお盆。七月の十五、十六。これのいずれか一日と年に二度しきゃ公休日といって、己れの体になって自由に表で遊ぶ事を許されなかったものです。だから今の人なんぞはとてもそりゃァ想像もつかないような、もう天にも上るという気で……だから歩いてるところを見ても足が地についていないんですね。嬉しくって、ふわーッ、としちゃって。

それにもう何でもいいから見られるだけ見て、食えるだけ食って、費うだけはつかっていこうとこういう料簡。……ねえ、だからもう次から次へと見たい。そこへもってきて映画はカチャカチャカチャカチャッてんで、写すんですから……そりゃもう、たいへんにその興行が早いけれども苦情も云わない。すんだな、と思うてえと急いで出て来て、またすぐ隣りへ入ってみたいという。何軒でも見たいので、商売をする方は何回でもやって客から取れるだけ絞ろうという。まあお互いに気が合うわけですねえ……。

それに浅草というところは、あそこは別世界。つまり他とは興行法も違うし、いえば不人情といえば不人情で。しかしまたそれでなければ、あすこは商売にならないんです。ふだんはあんまりこない。だけどもそういう物日になった時にはわっと客が来ましてね。

とにかくはねてくれ　戦争前のことですが、江戸館という席がありまして、ここでつまり落語をやっている。昼夜二回興行。お昼ごろからやってたいてい五時頃までやって、それで一回の終りをして三十分ほど余裕があって、それから夜の興行に入るという。こりゃまあ普通の時なんで。だからあたくしは昼間の主任ですから、たいてい四時頃に向うに入ればもうそれは十分な事なんで。

ところが午前十一時頃にあたしの所に電話がかかってきまして、その当時代田橋にいたんですがね。新宿の先の京王電車で行く……。電話が掛ってきまして、「すぐ来て下さい」とこういう。びっくりしましてね。「どうしたんです。何かあったんですか」ったら、「いえ。もうお客様が一杯になりましたからすぐ来てはねて頂きたい」とこういう。はねるってのはお終いにしてもらう。そんな馬鹿な話ァない。まだ十一時なんだから。「だってあなた、まだ午前中でしょう。はねはいつも五時じゃないか」ったら、「いや、普通はそうですけれどもとにかく急いで来て頂きたい。困るから」とこういう。

こっちも浅草にその時分慣れていませんでしたから、どうしたんだろうと思ってまあとにかく、早々に仕度をして十二時ちょっと過ぎに向うへ行ったんです。行ったところが、とにかくはねてくれと、その日は十時頃から始まったんでしょうけれども、「はねるってあなた、どうするんです。まだ出演者が大勢いるじゃないか」と云ったが、「まあまあ何でもいいんですから。一杯で、もうあと入《はい》れないから、これで一回の終りでございますてェ事にしますからあがってくれ」ってんです。どうも変だとは思ったけれどもしようがないからあがって、それで一席演りまして、どろどろどろどろッという太鼓を叩いてはねたが。お客様はまあいくらか出て行きましたが……。

で、二度目に始まってそれからまた、五、六人すむってえとまた「あがって下さい」とこういう。一杯になったからって……何でも満席《いっぱい》になると真打を上げるんです。そうして一回の終りでございますてンで……。だが客だって、只入るわけじゃァない。お金を払って来るんですから、そうこっちでもって追い出そうったって都合よくはいかない。追い出ないわけですよ。

死んだ三遊亭圓歌なんかはやっぱりそのでんで、物日の時にはお客は満席《いっぱい》で、上ってったらぱァっという喝采で。「待ってましたッ」と云ったそうで。それで一席やって、一回の終りでございますってンで下りてきた。ところがお客様があまり出て行かない。それで三、四人勤めて、またあがって下さいってンで、それでしようがないからまた二度目に上ってったら、今度はまあ……大喝采じゃァない。ほんのぱらぱらぱらッと手が鳴ったってンで……それで一席演って下りてきた。また四、五人あがって、またあがって下さいという。三度目に高座《あが》ってったら「あ、こン畜生、また出て来やがった」って云われたそうで。最初《はじめ》、「待ってました」ってのが、「こン畜生」になっちゃった。お客様だってこいつが出りゃまた一回の終りでお終《しま》いにする心算《つもり》だろうが、そうはいかないって……なかなかその思うようにはなりませんもので。

客が波を打つ　物日ですと座席はないので、ずうーっと立って見ているんですから、高座《うえ》から見るてェとお客様が波を打ってる。右の方から押すてェとぐうッと左の方へ寄り、左の方から押すてェとずうッと右の方へ寄る。ちょうどあのラッシュアワーの電車へ乗った時、あれを上からこう見下しているようなもんで。揺れる度にあっちへ行ったりこっちへ行ったり、ああいったようなわけで、外《おもて》から入って来た人が押すてェと片側へぐうッと寄る。こいつがまた押し返すてェと向うへ波が行くという……どうも……。

いつか高座《あが》って噺を始めて一分か二分経《た》ったら、前でもって隣りの人が足を踏んだてンで、「この野郎。痛えじゃねえか」ってンで気の早い人で、いきなり隣りの人の頭をぽかッと殴ったんで。「何だ、この野郎」てンでまた殴り返す。わあッ、てェと前で喧嘩が始まる。そんな時にもう噺をしたって聞くわけがない。それから「あァ喧嘩が始まったからご覧なさい」って、あたしは下りちゃった。暫時のあいだそこで殴り合ってましたけども……浅草てェ処はまたそういう不思議な雰囲気がありましてね。

淡島大明神　昔はまあずいぶんいかがわしい見世物が出たとかいろんな事を云いますけれども、まあごく大昔の事は分りませんが。やはり二十軒茶屋といって、両国のところでも申しあげたが水茶屋というものがありました。だいたいが、これは何でこういうものを許可したのかってえと、観音堂の脇に淡島大明神が祀ってありますが、以前は権現様を祀ってあったものです。それがために諸大名より、いろいろな品物を献納したものです。石燈籠とか銅の燈籠とか、さまざまな品物であるが、そりゃァお大名といってもお禄高《たか》によって違いましょうけれども、各自さまざまなものがあがっていたわけなんです。

ところが夜ンなってしまえば銅《あかがね》でできたり何かした燈籠なんぞ、小さい物《やつ》ならこっそりこいつを持ち出して、潰しにしたり何かするてえとそれはまたいい値で売れるでしょうから、やはり昔だってそういう泥棒があったわけです。そこでそういう盗難除けに、まあいえば見張り番ですね。そういう意味であの二十軒茶屋というものをば許可《ゆる》したんですが、自然に人が大勢そこへ集ってくるので人目が多く悪い事はできないわけで。それがために二十軒茶屋というものを許可《ゆる》したといいますが。

水茶屋の女　ひとつはやはり美人がお茶を汲んで出す、評判になって従ってお参詣《まいり》の人もふえる。お互いにそこで、持ッつ、持たれつ、というわけですね。観音様の方だって、やはり生きた弁天様が前でお茶を汲んでくれるのでそこへ集る。ただお茶だけ飲んで帰るわけにはいかない。ま、義理だからってンで……義理ってェのはおかしいけれども、やっぱりお詣りをしなくちゃなりませんからお賽銭もよけいにあがるというようなわけでたいへん繁昌した。だから元はあの浅草の境内というものはずいぶん諸大名から来たものがあったんです。
もう浅草がだんだんだんだん繁昌してくる。まして後方《うしろ》の方には吉原というものがあり、これに行こうという者が、どうしてもあすこは通りますし人があんまりふえたんで、中には石を放ったりなにかしてこいつがその御霊屋《おたまや》へ飛び込んできたり何かするので、その当時、他所《ほか》と違ってこの権現様ってえとおッそろしく喧《やかま》しかったものなんで。罪人もどうしても拵えなくちゃならないような事になる。それではいかんし、粗相があってはならんからというので、これは江戸城の紅葉山へ早く引いてしまった方が良かろうてェ事になったわけです。そこで権現様は浅草から江戸城へ引いて、そのあとへ淡島様というものをお祀りをした。しかし水茶屋だけは、やはりずうーっと残っていたわけで。

　水茶屋の女に惚れた腹具合

なんという川柳がありますが、今だってありますからねえ。あすこの喫茶店にいい女給さんがいるなんてえと、そこへ行ってはお茶を飲む。あまりそう長くもいられないから出てきて……また時が過《た》ってまた行ってはお茶を飲むというような。その男にしてみれば一日の重大な任務というものは、そのお茶を飲みに行く事だけなんですから……これがたびたび通っている。従ってコーヒーばかり、ガブガブ飲む。ついにカフェイン中毒になるというような事にならないとは限らない。実《げ》に、コーヒー恐るべしという……昔もやっぱりあったんですな。

水茶屋の女に惚れた腹具合

そう一日にがぶがぶがぶお茶ばかり飲んでいりゃ腹具合だっておかしくなるでしょうし、やはりそういうところは今も昔も変りがないというわけです。

吉原の白馬　浅草雷門の前、あすこを並木町といいます。今でもたしか並木町ですが、ずっと古い昔は一面の松並木で、あすこに馬子さんが馬をひっぱって、吉原行の客と見るとこれをすすめたという。中で白い馬に乗る……これは料金が少し高いわけですが、他の馬から見ると乗ってる人がたいへんに幅がきいたと云う。「あの人は偉いね。白馬へ乗って行くよ」なんと云われて、鼻高々と反り身ンなったといいますが。客は白馬へ乗って吉原通いをした。

それからのちになると寒い時分は白馬を飲んで出かけるという……これはあたくしどもは噺の中でこれを云うと、お客が笑ったもんですが。今の人には分らない。白馬てえのは何の事なんだか……これはあのどぶろくというお酒があります。濁り酒といいますね。白いぶつぶつおまンま粒みたいのが入っている。あれは原酒なんでしょうかねえ。あれから精製して清酒ができるわけなんで。だからあのどぶろくを飲むということ、あまり上流階級……いい人は飲まなかったんですね。でもほかのお酒と違ってあれは二合も飲むとたいへんお腹がくちくなる。お腹の足しにもなり、酔いもするという……つまり両様兼《りょうよう》ねてやれるわけで。「寒い時なんざァ白馬がいいよ」てな事を云ってね。だから白馬を飲んで出かけたと云うのは、つまりこのどぶろくの事を云うわけで。洒落の解説をしないと分らなくなった……。

それからあの馬へ乗っかって吉原へ行くので、その通った道だてンで馬道という名前がついたといいますが。でもこれらもどうだか本当のことは分らないが。

品川の牛　高輪というところに昔は牛町という町名があった。これはどういうわけかと云うと、品川へ遊びに行く人が牛へ乗って行ったんだそうです。その時分には交通機関もないが、人間が第一のんびりしている。牛がのッそ、のッそ、歩いている。その背中へ悠然と乗りまして。一杯飲んでいるから、コックリコックリ居睡りをして涎をたらして、乗せている牛の方も涎をたらしている。これじゃァ向うへ行って女にばかにされるのは当り前ですよ……。いい心持に居睡りをしていたが横ッ面が熱くなったからひょいと目を開いてみたら、もう夜が明けて太陽が昇っていたという……。そんなに長くかかっちゃいけませんが。

付き馬　吉原というところも云った通り、ごく昔は馬へ乗りました。そして向うで遊ぶ。ところがふとところへ持ってった金より以上のものを使って派手に致しますと金が足りない。そういう時には、大門の外に馬子というものがやっぱり客を、また送ろうというんで待っているのでそれを頼んで、「このお客様は勘定が足りないから、どうかお前さん取ってきておくれ」「よろしゅうございます」てンで、客を乗せてその家まで送り届けるので、勘定のできるまでは馬が表へつないであるから、あの人は夕べもまた馬をひっぱって来たよ、なんという。それで付き馬という名がついたといいますが。

ひやかしの起り だいたい吉原へ行って、ひやかして歩くというのがある。あれもどういうわけなんですか、ひやかすというのは……。素見なぞという言葉はこれは分りますが。あるいはぞめき、がやがやがやがや、話をしながら女の顔を見て歩くという……ぞめきといいますが。ひやかすというのは、浅草に紙漉きをする職人が大勢いたんです。紙漉きといって。いい紙じゃないんです。俗に浅草紙、一名悪紙《わるがみ》とも云う。今は知らないでしょうが、あたくしども使いました。落し紙とも云う。これは御不浄へ使うより他にしようがない。鼠いろをしておりましてね、厚ぼったいようなぼそぼそした紙で。これを拵える職人がいて浅草紙というものを作る。

これは玉になっている奴を水の中につけておきまして、いい加減、時間が経《た》たないてェと仕事にかかれない。それを、ひやかすといいましてね。その玉をひやかす……水にすっかりつけて、冷やけたところでかかるわけで。ただ冷やけるまでじいッとしていたってしようがないから、吉原ができたから女の顔でも見て歩こうじゃないか、なんてンで、大勢そろって吉原をぐるぐるっとまわる。

もとより遊びに行くんじゃァない。その玉の冷やけるまで行ってくるわけですから、そして帰って仕事にかかる。翌る晩になって、「どうだ。またひやかす間、行こうか」……冷やかす間に行くというのがいつかこれがひやかしに行くとなって、それでとうとうお金を持たずに只、見て来る事を冷やかすというような事になったんだといいますが。あの冷やかしなんてえものは、別に誰ァれも頼まれて出てくるわけじゃァない。あれは自然の産物ですね。ああいうものができればきっとひやかす人がある。

それというのはあのデパートへ行って、金もないのに何キャラットというダイヤモンドを一生懸命にこう見てェる人がある。別にこのガラスを切り破って盗ろうなんという、けっして悪心はない。ただただ、それにこう陶然として眺めている。とても買えっこはないんだけども、丹念にじいッと見ている人がある。

あるいはまた、何百万なんていう織物を羨しそうに覗いている。ふところには大したお金はない。二百五十円しか持ってなくって、百八十万なんてェ織物が買えるわけがない。でもやはり見たいんですね、あれと同じなんです。

とてもこんな女は高くって買えるわけがないという、当人諦めの心はある。けれどもやはりその煩悩の絆がたち切れず、やはりそこに人間というものは不思議な精神作用がある。諦めていながらまだ真底は諦め切れないところがある。そうしちゃァあの高いものを見て歩くという、あれと同じ理屈なんです。

泣きッ面田圃　新吉原、これァ前にも話をしましたが、あそこへ行くにはたいへんだったんです。とにかく、後には人家ばっかりできましたが、以前は田圃ばかりでね。家なんざァないんです、ろくすっぽ。田圃の中を歩いて、それから土手へかかっていわゆる日本堤、吉原へ行くという……なかなかたいへんな仕事ですよ。

暑い時の方がまだよろしいわけで。ぴゅうぴゅうぴゅうぴゅう、風の吹く寒い時なぞは吉原のあの裏の方、泣きッ面田圃と云った。泣きッ面をしながら歯をくいしばって、途中で何か追いはぎでも出やしないか心配をして、そして吉原へ行く。また本当にそういう強盗だとか、追いはぎが出たもんです。

ある若旦那が吉原へ行こうと思ったがどうも金がない。ふところが淋しいから、質をおいて行こうてンでお馴染の質屋へ行って、「どうかこの羽織で二分貸してくれ」

二分というのは、今のお金で云えば一円の半分、五十銭を二分といった。

ところが質屋で羽織を見ると大分くたびれているから、

「これではとても二分は貸せません。一分でございます」

「一分じゃァどうにもしようがない。二分なくっちゃァ心細いから、この羽織で二分貸しておくれ」

「いや、いけません」

「駄目かい。困ったなァ。何とかできないかなァ、二分に」

「差していらっしゃる脇差はたいへんよろしいじゃございませんか。ちょっと拝見をします」

若旦那が抜いて質屋へ出すとこいつを見ていたが、

「これならばよろしゅうございます。二分お貸し致しましょう」

「いやいや、そりゃ駄目だよ。他のものと違って夜行くんだし、脇差でも持っていないと物騒でいけないから……この脇差はいけない。羽織で何とか二分貸してくれ」

「いや。羽織じゃ一分しか貸せません。脇差ならば二分貸しましょう」

若旦那が舌打ちをして、

「ええ、じゃァまァしようがないや。一分だけでいい。物騒だからこいつは持って行った方がいいから」って、羽織を置いて一分の金を懐へ入れて……。

土手へかかってくる。暗さは暗し、後ろから忍び寄った曲者が、いきなり「待てッ」という……。振り向くと、さッと肩先へ斬りつけられたんで、脇差へ手をかけて抜こうとしたがとびこんで来て、また肩へ斬りつけた。思わずそこへどっさり……倒れた。もう脇差を抜く勇気もないので、「ああ残念だ。こんなンなら脇差で二分借りてくりゃァよかった……」という、小咄があります。とにかくまあ、ずいぶん恐かった。

入る茗荷に出る生姜　吉原を昔は悪所場《あくしょば》といった。川柳に、
悪所とは罰のあたった言葉なり

という。それから、

大門を入る茗荷に出る生姜

という川柳がある。

茗荷というものを食べると物忘れをして馬鹿になるといった。だから吉原へ入る奴は馬鹿だという。出る奴は生姜と云ってね、これは吝《しわ》いと云ったんです。どっちにしても悪く云われる。いったいどうしたらいいってンで、あの大門にかじりついた人がある。

いっそ失せるなら吉原へ失せおろう

という川柳があります。

これも非常にあたくしは面白いと思います。お父っつぁんが伜に小言をいう。「何故きさまは遊ぶんだ」という。これァなるほど、分っていますね。親として、そういう処で伜が道楽をすれば怒る。しかしどうせ失せるなら吉原へ失せおろう……ここがあたくしは非常に、江戸っ子らしい面白い小言だと思う。ただ行っちゃいけねえッてンじゃない。そりゃその伜さんが吉原でなく、場違いな処で遊んだんです。で、お父っつぁんが怒ったんで。

「何故てめえは、そんな間抜けなとこで遊びやがるんだ。そんならいっそ吉原へ行って遊ばねえんだ。このばかやろう」

という。江戸っ子らしいところがある。

吉原の作法　江戸というところは吉原だけではない。これァ公許の場所でつまり隠れた遊び場所、吉原以外のところがどのくらいあったか分らない。上中下とわかれているでしょうけれどもいくらもあるわけだ。何故吉原で遊ばないのかというと、吉原というところはその見世《うち》によっていろんな格式というものがあってね。金があって、仮に、ま、いいところへ遊びにいらっしゃるとする。ところがこの若い者《もン》にとっては少しく窮屈なところがある。馬鹿ッ騒《つァわ》ぎをしたり、悪ふざけをしたり何かすると向うからお小言をいただく。そういう事をなすってはいけないとか、私どもでそんな馬鹿げた事をされては困ります……なぞとお小言を頂戴するので、金を使って遊んだ上に小言を云われるんじゃ面白くないので。あれはこうだとか、これには私どもではこういう規則があるとかいうわけで。だから小うるさいから若い者ァどうしてもとっつきにくい。それでこれが他へ行って遊ぶと、金さえ出せばどんな事だって向うで嫌な顔をしないでご機嫌をとってくれるという。

さァそこなんですね。ものというものはやはりその限度というものがある。たとえ遊んでも、ある程度までは行くけれどもそれ以上はいけない。やはりちゃんと守るところは守り、人の迷惑になるような事をしては絶対いかんというわけなんで。

吉原というところには、そらァ下等な処へ行きゃァ駄目ですけれども、中……それ以上へ行けばなおさらもってやかましい事がある。

第一にこの昔は、金さえ出せばどんな処へでも遊びに行ける、いい花魁《おいらん》が買えるとまァそらァなってはいますけれども、実際のところは遊ばせなかったんでしょう。しかるべき紹介者がないてェといけませんしね。

お茶屋の役割　お茶屋というものからだいたい、お客様は遊びにいらっしゃる。これは万事の事を仕切って向うであれこれと云って、それから勘定の事や何かは茶屋の方へいっさい頼んでありますからこの方から払うわけで。

直接《じか》に遊女屋へ金を払うんじゃないんですから、仲介者がちゃァんとあるわけです。そしてこのお茶屋というものがそれだけに責任を持たなけりゃならない。だから金さえ持ってくれば遊ばせてもいいかってェとそういかないわけで。むやみに金を使わしちゃって、あとで茶屋が背負《しょ》い込むような事があってはこらァたいへんですから、これでやはり紹介者というものがいるわけです。しかるべき人が連れて来たり、一緒に遊んでいる。そして今度は甲が乙を連れて来て「こいつをひとつ遊ばせてやってくれ。あたしが引き受けるから」と……。茶屋の方でも「左様でございますか。それでは手前共でお引き受けを致しましょう」というようなわけで。

お客のちゃんとした紹介があってこれならば大丈夫、もしもいけない場合は茶屋の方からその引き受けた甲へ対して乙の失敗《しくじり》をこれこれでございます、というと、紹介者の方も責任がありますから、やはりどうも俺は知らないよって云うわけにはいかない。勘定を引《し》っかけて払わない……じゃ私の方で払いましょうというような事になるわけですから、お茶屋としても安心です。

従って女郎屋というものがその茶屋を信用をしていっさいの会計、経済的な事をばやってもらうという事で。そこで身分も分っていれば、金もこの人ならば確かだ、というんでなければいけないわけで。

昔はそういうところはいくらもありましたよ。これァ関東ばかりではなく関西の方にもあったんです。

京都にあの祇園の「一力」というお茶屋があります。こりゃァまァ芝居でも有名なもんですが。

ある人がどうかあすこで遊んでみたいというのでおいでになったんです。そして玄関からあがろうとしたところが顔を知らないから、

「誰方《どなた》さまです？」と聞いたんです。

「俺は大阪の藤田だ」

「藤田？　何と仰有《おつしや》います？」

「藤田伝三郎だ」

今の方は知らないでしょうが、大正時代ですかねえ。藤田伝三郎といえば、これァもう関西

では誰知らない者はない。財界で重きをなしたたいへんな人で。普通の家ならば「は。まあよくお出で下さいました。お上り下さいまし」てンで、大事にするわけで。日本で指折りの財産家なんですから。

ところが祇園の一力では今までいっぺんもあげた事もない、紹介者もない。

「あのご紹介がなければ手前共ではお遊びができませんので、せっかくながらお断り申します」

……断られた。さァ面白くない。藤田伝三郎と云やァ何処へ行っても歓迎するのに。

「俺ァ大阪の……今お前達、知らない者はないだろう。藤田伝三郎だ。藤田だ」

と云ったら、

「藤田さんでもどなたさんでも、わたくし共では一見《いちげん》のお客様は致しません」

と云って、ぴたッと断られた。これなぞは実にえらいと思いますね。紹介者がなければいけないという、ちゃんとそういう掟があるわけですから。

だから吉原というところは、もちろん申しあげたようにちゃんとした紹介の無い者は遊ばせないんです。金ェ持って勝手に行って、お茶屋であすこの見世《うち》ィあがりたいからと云っても、向うで首をかしげてそいつは駄目なんで……。この人なら、という保証をしなくちゃなりません。従って、やはり手前共ではこういう掟があるとか、こういう事はいけないとか云って、いろんな事をいわれる。はなはだ若い者にとっては面白くないんで。そこで他へ行って遊びゃァあなた、金を使えば歓迎してくれるから、その方がいいというような事になるわけなんです。こらァちゃんとあたくしが経験したことがありましてね。

一流地は飽きない　ある、まァ名前を云っちゃ悪いから云いませんけれども、二流、三流の土地へ行く。遊びます。知らないところでも芸人の事だから名前を云やァ向うでも分るしそこで、大勢でもって遊《あす》んでいる。いやもう、芸者衆なんぞも騒いでくれて非常に面白い。と、これはあるお客様と一緒に、赤坂へ連れて行かれましてね。その当時、やっぱり新橋、赤坂なんというところは一流の土地ですから。お客様はあたくしをお供として芸人だから一緒に連れてって……。芸者衆が来たんですが。すうッと軽く頭を下げて目礼をしたっきりで、こっちもまだ若い時分ですが、向うがあまり親しく話もしてくれないんです。腹ン中じゃァばかにしてやがると思ってね。俺が若いと思って別に歓迎もしない、はなはだ遊んでいても面白くないんですね。そらァまあお客と一緒に行ってるんですから苦情は云えないし帰ってきた。

すると、また行こうってンで行きます。またその同じ芸者が七、八人くるわけで。初めに行った時より顔馴染になっているから少しは話もしますが、やはりどうもあまり面白くないんで。三度行き、四度《よたび》行きするうちにだんだんだんだんお馴染になると向うも打ち解けてきて、何だかんだと話もするようになりましたが。しかし悪ふざけなんぞは絶対にできないわけで。ちゃんと向うも行儀よくしているし、こっちも行儀よくしなきゃならない。ところがそこに、何とも云えないその上品さがあり、遊んでいて飽きないんですね。と、その三流地の方は初めっから行って面白いが、たびたび行くうちにはあまりにも自由があって何か品格はないし、面白くなくなってくる。いわゆる興醒めするという事で。

あァなるほど。やはり、ただ遊ぶという事にしても難しいもんだなと、初め面白くなくっても度重なってだんだんそれが打ち解けてくる、そこにたいへんな面白さがある。それと飽きないということ。悪ふざけをしてはいけない。ちゃんとその、お客と芸者の間に限度というのがありますから。こらァ心得ごとだなとあたくしは思ったことがある。

今はもうなくなってしまいましたから云いますが、日本橋。あすこへよく遊びに行ったお客様がある。ご贔屓になっているし、あたくしなんぞもよく一緒に行きましたんで。戦前に遊びに行った時は日本橋というところも、やはりそれだけの品格を芸者が持ち面白かったんです。

それから戦後になりまして、そのお客様が久し振りに遊びに出てきて、来てくれというんで行きましたが。このお客様が踊りを踊るのが好きなんです。そして芸者衆に見せる。我々にも見せる。そこがいわゆる旦那芸という奴で、「どうだい」って……「いやァどうも、大したもんですねえ。あなたは玄人はだしですね」なんと云って。またそんなに下手《まず》くはないし、我々もほめたりする。

客というものは遊んで芸をやったりなにかした時にほめて貰いたい。だからこそ金を使って遊んでいるわけなんで。それをてんでみない。わたくしはちゃんと坐ってそのお客様が踊ってるのをじっと見ていると、袖を引っ張って「そんなものァ見なくってもいいから、こっちを向いてお飲みなさいよ」とこういう。

いや、私はびっくりしましたねえ。仮にも芸人がよばれて、お客様と遊んで向うが芸をやってるのに見もしない、聞きもしない。勝手な事をこっちがしていたら客として、どういう気持がするか。そんな事は芸者をしていれば分るもんなんです。いわゆる常識を知らないんですね。呆れ返ったもんだなと思って。それで来ている他のお客様と悪ふざけをして、取っついたりひっついたり、二人で取ッ組み合いをして座敷をごろごろ、転げまわっている。あァ、こらァもう駄目だなァと思いましたね。芸者がそういう事をするようになっちゃァいけないわけなんだ。もちろんああいう商売ですから、こらァお色気というものがなくちゃァいけない。けれども限度を越えてはいけない。もう興醒めですよ。だからものはむずかしいもんだと思いました。

振られる　吉原というところは、いわゆる女というものはお客様に身を任せる、それが建前であり、またそれで商売をしている。しかし昔の花魁てェものは必ずしも登楼《あが》ったお客には、肌身を許さなければならないもんだという事はないんです。振られるという事がある。どんなに金をつかって行っても……。現在《いま》芝居やなんかであるでしょ、その振られたりなにかする。

今の人から見るてェと常識的にそんな事は嘘だと思う。あすこへ行った者は皆、女とはどうにでもなるもんだと思う……いや、そうはいかない。吉原なんてェところのいい花魁は、あの人は嫌だってェばしようがないので、それを身を任せないとかどうしたとか云って、とやこう苦情を表立って云えばかえってそこの見世《うち》の者にわらわれるわけで。

「あなた、野暮な事を云っちゃいけません。花魁があなたの心に従わないと云って、あなたがいきなりそう怒っちゃいけない。そういうところは黙って、花魁にあなたが惚れているんならばまたおいでなさい。そして花魁の方でもあなたがまんざら嫌でないんだから、金をつかって実を見せてこうこうだというところを、あなたの本当の心が分れば花魁の方でも初めて打ち解けるでしょう。初めっから短兵急にそうしちゃ、なおなおあの花魁は張りがある……張りというのはつまり意地を持っている。だから絶対にあなたの云う事を聞きませんから、気を長くして向うがいいというまでお通いなさい」

とこう云われる。それ以上はもはや交渉の余地なしというわけで。だから惚れればしようがないからまた行くわけで。花魁と云ったって素人の娘を口説くのと同じようなわけなんで。

だから花魁の方でこの人はいい人だとか、あの方は好きだとか云って、それは初めっから、つまり初会からでもありますが、花魁の方から打ち解けるてえことが。けれども嫌だと思えば今云ったような事で振る。他の者に……おばさんだとか若い者に苦情を云えばそう云われる。

結局、まあいやだったら身を任せないというわけですね。

花魁の玉高　じゃァどの客でもみんな「厭だ、厭だ」って振ればいいのかってェと、やっぱりそうはいかない。吉原でいい花魁となればそらァたいへんです。経費《かかり》だってかかるわけなんだから……自分が。紋日《もんび》、物日《ものび》というものがあって、それにはその見世《うち》のものに花魁から、ご祝儀だとか何をやるとかいろいろあるわけなんですよ。で、それが何処《どッ》から出るんだてェと、やっぱりお客様が払ってくれなきゃァいけないわけで。いわゆるいいパトロンがなければ花魁だってつとまるわけがないんです。

ただ、通りいっぺんの、すうーっと来て一回なにがしというようなお客じゃ、こらァ成り立っていかないわけなんです。ちゃんと面倒を見てくれる人がなきゃならない。それには男ッ振りがよくって、若くって自分が惚れるような男で金を持っている、ってそんなね、うまい条件にそらァいかないわけですよ。金は費うけれどもあんまり器量がよくないとか、どうとかいう。そらァ仕方がない。

でも自分一人じゃない。大きい見世《うち》となれば何十人という花魁がずうーっといるわけで。こらァやはり玉高といいましてね、よけいにお客様を取り、それだけの成績をあげた花魁が上位《うえ》になるわけで。商売となればお互いに競争心がある。一ばん自分がビリへ従《つ》いて何時も売れない。売れない……これはやはり仲間に対して不名誉であり、何とかして自分も上位へあがり人々にもするだけの事をして、花魁々々と云って立てられたいわけで。

だからこのお客様はどうもあまり好かないと思っても、金を費ってくれる客にはなびいて。そうしなきゃ自分としても商売がなり立っていかないわけですから。だけどもこれは絶対に嫌な人だとなれば、昔は振ったっていいわけなんです。

そういう事がいけなくなったのは明治半ば以後でしょう。登楼《あが》った人には必ず身を任せるという規則になってきたんです。つまりそうなってから花魁というものは、何でもかんでも客の需《もと》めに応じるというわけで。振ってはならんという規則になりました。

だから、まああいえば遊びもだらしがなくなったわけなんです。合理的になったたてンですか。してみるとやはり面白くなくなってきた。世の中ってものは難しいもんなんです。あまりにその規則ずくめで、ああこうてェといけないんで。だから昔なら吉原で、あの花魁はなかなかそうなびかないとかどうだとか云われるのを行って、こいつが自分に好意を尽してくれると夢中になってしまうという事もこりゃァあったでしょう。だから遊び一つにしてもむずかしいもので。

いっそ失せるなら吉原へ失せおろう

という。変な場所《ところ》で遊んでいないで、ちゃんとした本場で遊べ、という事になるわけで。

仮宅営業　それから吉原に仮宅というものがありましてね。火事で焼けた時はもちろん、吉原全体が焼けてしまうんだから、どうにもしょうがない。ほかへ行って営業をする。

それから火事の時におかしい事は、ぼやや何かですとね、二軒や三軒の家が焼けたという時ならば、こらァ火消しも入って来て消しますが、これが風がひどいとか何とかいうような時に火事が出る。たちまちこれが大きくなる。こらァもう消しても消し切れない。何軒かは残るが駄目だなァという事は、こらァ商売人だから見りゃ分るでしょう。そうすると火消しがこの中へ入らない。全部手をつけないで焼いちまう。そう聞くとたいへん不人情だと思うんですがそうじゃァない。なまじっか何軒か残したりするとかえって、その残した家の方から恨まれるわけで、逆に。何故焼いてくれねえんだ、てンで……。

これはどういうわけだってえと、残らず焼けますと廓から外へ出て……今のようにぴったり密集しているわけじゃない。地所にも余裕があるわけです。今度はここならここというところへ仮宅というものを建てるわけです……一時の営業ができる……。これは吉原のようにはいかない。規模が小さい、安直でございます。従って今まで格式でどうのこうのといっていた見世《うち》も、間数も少なくなり、すべてに経費もそうかからないし、まことに遊びが安くなるわけなんです。

さァそうなるとお客が来るんですね。今度《こんだ》仮宅だってェとわァーッと……それというのはそれだけふだんよりは、ずうッと安く遊べる。だからこういう時に遊ぼうという人達で、逆に繁昌するわけで。繁昌すれば女郎屋の方でも儲かる。そらァ当り前で、収入がふえるから。

だから吉原が普請ができても、中には帰りたがらないのもあったそうです。けれども何時までもそんな事をしているわけにもいかないから。そしてまあ一軒残らずすっかりできて、じゃァもうどうしようもないから、この仮宅をよそうってな事で。それからまた、吉原へ帰って営業する。そうなるとまた、元の通りの格式というものになるわけなんですが。仮宅営業というものも、だから火事で焼けてもけっして女郎屋では困らない。儲かったり何かしたという、面白い事です。


大門一本口　吉原は云った通り、それに対する政府へ税金というものも取られるでしょうし、何やかや悪い奴がくれば、こいつァどうも怪しいと思う……と内々でどうも金使いがおかしいとか、こういう風体の者が遊んでおりますが、と云ってちゃァんと密告するわけで。

吉原は大門一本口でしょ。大門から出るより他に出場所がないわけなんですから。非常の場合でないてェと、ほかには出られないわけなんです。火事か何かの場合は、方々出る口がありますす。それ以外はあけませんから大門にさえちゃんと張っていればそこへ出てくるわけだから。それで人相から何から、ちゃァんと届けてあって分ってるので、怪しいという犯人を捕えてしまうわけです。

さて、これから吉原について、面白い話を申しあげようと思ったところ、制限紙数だからといわれて、実に残念とは思えども、まず今日は、これ切りと致しまして、下巻の方でずっと面白い話をたくさん申しあげようと存じております。引続いて何卒ごらんのほどを願います。

P+D BOOKS ラインアップ

居酒屋兆治 山口瞳 ● 高倉健主演作原作、居酒屋に集う人間愛憎劇

血族 山口瞳 ● 亡き母が隠し続けた秘密を探る私

家族 山口瞳 ● 父の実像を凝視する『血族』の続編的長編

江戸散歩(上) 三遊亭圓生 ● 落語家の〝心のふるさと〟東京を圓生が語る

浮世に言い忘れたこと 三遊亭圓生 ● 昭和の名人が語る、落語版「花伝書」

噺のまくら 三遊亭圓生 ● 「まくら(短い話)」の名手圓生が送る65篇

P+D BOOKS ラインアップ

廻廊にて	辻 邦生	●女流画家の生涯を通じ"魂の内奥"の旅を描く
夏の砦	辻 邦生	●北欧で消息を絶った日本人女性の過去とは…
海市	福永武彦	●長男・池澤夏樹の 解説で甦る福永武彦の世界
虫喰仙次	色川武大	●戦後最後の「無頼派」、色川武大の傑作短篇集
遠い旅・川のある下町の話	川端康成	●川端康成 甦る珠玉の「青春小説」二編
親友	川端康成	●川端文学「幻の少女小説」60年ぶりに復刊!

P+D BOOKS ラインアップ

幻妖桐の葉おとし　山田風太郎　●風太郎ワールドを満喫できる時代短編小説集

わが青春 わが放浪　森 敦　●太宰治らとの交遊から芥川賞受賞までを随想

北京のこども　佐野洋子　●著者の北京での子ども時代を描いたエッセイ

小児病棟・医療少年院物語　江川 晴　●モモ子と凜子、真摯な看護師を描いた2作品

悲しみの港（上）　小川国夫　●現実と幻想の間を彷徨する若き文学者を描く

悲しみの港（下）　小川国夫　●静枝の送別会の夜結ばれた晃一だったが

P+D BOOKS ラインアップ

剣ケ崎・白い罌粟	立原正秋	● 直木賞受賞作含む、立原正秋の代表的短編集
残りの雪（上）	立原正秋	● 古都鎌倉に美しく燃え上がる宿命的な愛
残りの雪（下）	立原正秋	● 里子と坂西の愛欲の日々が終焉に近づく
サド復活	澁澤龍彥	● 澁澤龍彥、渾身の処女エッセイ集
マルジナリア	澁澤龍彥	● 欄外の余白（マルジナリア）鏤刻の小宇宙
玩物草紙	澁澤龍彥	● 物と観念が交錯するアラベスクの世界

（お断り）

本書は１９８６年に朝日新聞社より発刊された文庫を底本としております。
あきらかに間違いと思われるものについては訂正いたしましたが、
基本的には底本にしたがっております。
また、底本にある人種・身分・職業・身体等に関する表現で、現在からみれば、
不当、不適切と思われる箇所がありますが、著者に差別的意図のないこと、
時代背景と作品価値とを鑑み、著者が故人でもあるため、原文のままにしております。

六代目三遊亭圓生（さんゆうてい えんしょう）
1900年（明治33年）9月3日―1979年（昭和54年）9月3日、享年79。大阪府出身で東京の落語家。本名、山崎松尾。1960年、芸術祭文部大臣賞を受賞。代表作に『寄席育ち』など。

江戸散歩（上）

２０１６年６月12日　初版第１刷発行
２０２４年２月７日　第７刷発行

著者　三遊亭圓生
発行人　五十嵐佳世
発行所　株式会社　小学館
〒１０１－８００１
東京都千代田区一ツ橋２－３－１
電話　編集　０３－３２３０－９３５５
販売　０３－５２８１－３５５５

印刷所　大日本印刷株式会社
製本所　大日本印刷株式会社
装丁　おおうちおさむ（ナノナノグラフィックス）

ISBN978-4-09-352268-7

P+D BOOKS